NARCOTIC LOVE

NARCOTIC LOVE

DER WEG AUS DEM WACHKOMA
NARZISSTISCHEN MISSBRAUCHS

SARAH ZIOLKOWSKI

NARCOTIC LOVE
Der Weg aus dem Wachkoma
narzisstischen Missbrauchs

Erste deutsche Ausgabe (Paperback)
ISBN 978-1-9992122-2-3

Übersetzt aus dem Englischen:
Narcotic Love· In and Out of the Coma of Narcissistic Abuse
Erstmals erschienen in 2019 | ISBN 978-1-9992122-0-9

www.sarahziolkowski.ca
contact@sarahziolkowski.ca

INHALT

DANKSAGUNG

Meine tiefste Dankbarkeit geht an die vielen *Survivors*, die persönlich mit mir in Kontakt traten, um ihre Erfahrungen zu teilen und mir dabei halfen, dieses Buch zu schreiben. Ihr wisst, wer damit gemeint ist.

Rebecca, meine Schwester. Danke für deine unnachgiebige Unterstützung in all den guten wie auch schlechten Zeiten.

Rosa, meine Therapeutin. Du hast mir das Licht am Ende des Tunnels gezeigt, mir beigebracht, mich selbst zu lieben und aus mir die Frau gemacht, die ich heute bin.

Meine Freunde, auf die ich mich stets verlassen konnte, als ich mich wieder einmal im Kaninchenbau befand.

Die *Initiatoren* und *Unterstützer* der *MeToo*-Bewegung. Ihr rettet damit Leben.

Danke.

„Wer sich selbst belügt und seine eigenen Lügen anhört,
kommt schließlich so weit, dass er keine Wahrheit mehr,
weder in sich noch außer sich, zu erkennen vermag und
daher sich selber wie auch andere zu missachten beginnt.
Wer jedoch niemanden achtet, hört auf zu lieben;
um sich aber, wenn er keine Liebe hegt, zu beschäftigen und
zu zerstreuen, ergibt er sich den Leidenschaften und rohen
Lüsten und vertiert völlig in seinen Lastern, und das alles,
weil er fortwährend log, sich selber
wie auch anderen gegenüber."

Fyodor Dostoyevsky (1821-1881)
Russischer Schriftsteller und Philosoph

NARCOTIC LOVE

Einleitung

Wenn du dieses Buch aufgeschlagen hast, dann hast du dich vor Kurzem vielleicht von einer toxischen Beziehung gelöst oder bist momentan in einer seltsam verzwickten Situation verfangen, die du dir selbst nicht erklären kannst. Vielleicht hat dir ein Freund gesagt, dass du an einen „*Narzissten*" geraten bist oder deine eigene Recherche hat dich auf das Thema „*Narzissmus*" aufmerksam gemacht. Ich hoffe, dass dieses Buch dir helfen wird, Antworten auf deine vielen Fragen zu finden. Genau wie ich, hast auch du die Kraft, diese Situation zu überstehen. Dieses Buch wurde von einem *Survivor*[1] für gegenwärtige und zukünftige *Survivors* geschrieben, um narzisstischen Missbrauch zu verstehen und sich davon zu lösen.

Die Idee zu *Narcotic Love* entstand zwei Monate nach meiner Trennung von meinem narzisstischen Ex-Partner. Es war meine kreative Zuflucht, um meine Stimme als Autorin wiederzufinden, mich vom Herzschmerz abzulenken und vor allem von dem verrückten Verlangen, ihm eine weitere

---

[1] *Survivor* /sə'vaɪ.vər/ (engl.) — dt.: *Überlebende(r)*

Chance zu geben und somit das Unvergebbare zu vergeben. Dieses Buch rettete so gesehen mein Leben; es half mir zu überleben und mich zu heilen, und so hoffe ich von ganzem Herzen, dass es auch dir helfen und Kraft geben wird. Einige Offenbarungen mögen schockierend für dich sein, während dich andere nicht allzu sehr überraschen werden; die A-ha-Momente, die beim Lesen aufkommen werden, mögen letztendlich erleichternd wirken, denn du weißt, dass du nicht die einzige Person bist, die jenes Gefühlschaos durchmachen musste. Viel wichtiger ist es, zu realisieren, dass du nicht verrückt geworden bist, und das Allerwichtigste ist, dass du noch lebst und weiteratmest und nun die Gelegenheit hast, dein Leben — *unter eigener Kontrolle* — in eine neue Richtung zu lenken.

Du bist nicht verrückt. Du bist nicht allein.
Du bist genug. Du kannst dies überstehen.

Ich möchte darauf hinweisen, dass ich keine zertifizierte Therapeutin oder Psychologin bin. Dieses Buch basiert auf jahrelanger Eigenrecherche, persönlichen Erfahrungen mit Narzissten und dem Vergleich der Erlebnisse von Opfern und Survivors narzisstischen Missbrauchs. Neben diesem Buch empfehle ich dir, professionelle Hilfe bei einem zertifizierten Therapeuten oder Psychologen vor Ort zu suchen.

Die moderne Psychologie benutzt den Begriff *Psychopath* und verzichtet darauf, weitere Unterscheidungen zu treffen. Ich benutze den Begriff *Narzisst* in diesem Buch und sehe davon ab, zwischen einem *Psychopathen* oder *Soziopathen* zu unterscheiden (die Kombination *Narcopath* ist ein gängiger Begriff unter Survivors). All diese Persönlichkeiten bzw. Persönlichkeitsstörungen haben narzisstische Eigenschaften mit überschneidenden Verhaltensmustern. Dieses Buch fokussiert sich auf pathologische Beziehungen, bei denen die Symptome und Eigenschaften einer *narzisstischen Persönlichkeitsstörung* oder von *bösartigem* bzw. *malignem Narzissmus* vorrangig sind.

Auf den folgenden Seiten wirst du feststellen, dass ich den Narzissten als „er" und sein Opfer als „sie" benennen werde. Dies soll auf keinen Fall männliche Opfer narzisstischen Missbrauchs diskriminieren. Obwohl die Mehrheit bekannter Fälle weibliche Opfer und männliche Täter involviert, habe ich jene Wortwahl einzig und allein als Beispiel ausgewählt. Männliche Opfer narzisstischen Missbrauchs leiden genauso sehr wie jedes weibliche Opfer; dasselbe trifft auch auf gleichgeschlechtliche Partnerschaften oder Ehen zu. Bitte nimm dir die Freiheit, dieses Buch für deine persönliche Situation und Perspektive zu übersetzen.

Gegenwärtig lassen sich im englischen Sprachraum weitaus mehr Begriffe und Informationen über das Thema finden als im deutschen. Im Anhang wirst du einen Glossar der englischen Fachbegriffe narzisstischen Missbrauchs vorfinden, um deine Suche nach Informationen ausweiten zu können.

NARCOTIC LOVE

Was ist ein Narzisst?

Der Begriff „Narzisst" stammt aus der griechischen Mythologie. Einst verliebte sich ein junger Mann namens Narziss (lat. Narcissus) in sein Spiegelbild auf dem Wasser so sehr, dass er irgendwann hineinfiel und ertrank. Abgeleitet von der Narziss-Geschichte, ist die allgemeine Vorstellung eines heutigen Narzissten eine übermäßig selbstverliebte Person, die, erstaunt über ihre eigene Schönheit und Intelligenz, lediglich über sich selbst spricht oder sich den ganzen Tag im Spiegel betrachten möchte.

Den Narzissten, den leider nur wenige von uns kennen, ist jedoch der *maligne Narzisst*; ein gestörtes Individuum, welches der „Psychopathie" zuzuordnen ist. Seine Selbstverliebtheit wird ausgedrückt im offensichtlichen oder verdeckten Missbrauch von anderen.

„Wir alle sind Narzissten!" Vielleicht hast du diesen Spruch schon einmal gehört und fühltest dich danach frustriert und missverstanden, während du anderen von deiner Erfahrung mit einem Narzissten erzähltest. Es ist wahr, dass Narzissmus sich auf einem Spektrum bewegt und wir alle

durchaus narzisstische Tendenzen auf verschiedenster Art und Weise aufzeigen, jedoch werfen diese Leute den allgemeinen, harmlosen Narzissmus und die *narzisstische Persönlichkeitsstörung* in einen Topf und spielen somit den Ernst jenes Problems herunter; sie leugnen gar, dass es ein Problem mit Narzissmus in unserer Welt gibt und erschweren somit unseren Kampf damit. Wir können davon ausgehen, dass sie entweder noch keine Erfahrung mit einem solch gestörten Individuum durchlebt oder aber das Problem nicht klar erkannt haben; im schlimmsten Falle sind sie gar selbst Narzissten, die einfach nur vom Thema und von ihrer eigenen Person ablenken wollen.

Der Ernst jenes Problems ist eindeutig im Auftreten in der sogenannten *dunklen Triade der Persönlichkeit*[2] nachgewiesen.

---

[2] Geprägt von den kanadischen Psychologen Delroy P. Paulhus und Kevin M. Williams in 2002.

Die *dunkle Triade* besteht aus:

1) **Narzissmus:** grandiose Selbsteinschätzung, Egotismus und ein Mangel an Empathie
2) **Psychopathie:** antisoziales, impulsives und reueloses Verhalten
3) **Machiavellismus:** die Fähigkeit, Menschen zu manipulieren, betrügen und auszunehmen

Das im malignen Narzissmus dokumentierte Verhalten deckt alle drei Eigenschaften der dunklen Triade variierend stark ab.

Die narzisstische Persönlichkeitsstörung ist eine mentale Störung, die im DSM-5[3] definiert und unter den Cluster-B der Persönlichkeitsstörungen nebst *Borderline-Persönlichkeitsstörung, antisoziale Persönlichkeitsstörung* und *histrionische Persönlichkeitsstörung* aufgeführt wird. Es ist nicht selten, dass jene *Persönlichkeitsstörungen* in Komorbidität auftreten, d. h., eine Person kann mit multiplen Persönlichkeitsstörungen diagnostiziert werden.

Personen, die von diesen Persönlichkeitsstörungen betroffen sind, erscheinen in unserer Gesellschaft oft als normal und unauffällig; deshalb ist es gerade für Außenstehende so schwierig, diese Störung in jemandem zu erkennen. Des Weitern unterscheidet der DSM-5 nicht zwischen *offensichtlichem* und *verdecktem* Narzissmus. Besonders der verdeck-

---

[3] American Psychiatric Association: *Diagnostic and Statistical Manual of Mental Disorders, 5th Edition* (American Psychiatric Publishing, 2013)

te Typ, mit dem die meisten von uns Erfahrungen gesammelt haben, erscheint intelligent, gefasst, überaus charmant und charismatisch, während er sein gestörtes Selbst als Mittel zum Zweck versteckt. Während diese positiven Eigenschaften lediglich oberflächlich und unbeständig sind, sind es seine missbrauchenden Eigenschaften nicht. Verdeckter Missbrauch ist schleichend, personalisiert und versteckt vor der Öffentlichkeit, sodass er meistens hinter verschlossenen Türen stattfindet. Opfer verdeckten Missbrauchs kämpfen damit, gehört und geglaubt zu werden.

Für viele ist es weiterhin ein Rätsel wie zwei Personen, die eine ähnliche Erziehung genossen haben, im späteren Leben entweder narzisstisch *oder* empathisch sein können. Was wir aber mit Sicherheit sagen können, ist, dass Narzissten Kinder in den Körpern von Erwachsenen und somit ein Fall von *Entwicklungshemmung* sind. Wenn wir die Eigenschaften narzisstischer Persönlichkeitsstörung näher betrachten, können wir klar und deutlich die Parallelen zu kindhaftem oder eher kindischem Verhalten erkennen: seine Bedürftigkeit und Anhänglichkeit an seine Fürsorger und parentifizierten Partner, sein Drang, im Mittelpunkt aller Aufmerksamkeit zu stehen, seine Unfähigkeit, Verantwortung zu tragen und sein impulsives und riskantes Verhalten ohne die Rücksicht auf mögliche Konsequenzen, seine Auflehnung gegen Autoritäten, Regeln, Gesetze und persönliche Grenzen, seine Fähigkeit zu manipulieren, um seine Ziele zu erreichen oder sein Schmollen und Aufschreien, wenn der

Narzisst nicht das bekommt, was er will. Unsere Gesellschaft vergibt Kindern, wenn sie sich so verhalten; im späteren Alter wächst ein Kind durch gute Erziehung, Lernbereitschaft und aus eigenen Erfahrungen aus diesem Verhalten heraus und gedeiht zu einer erwachsenen und stabilen Person, die im Stande ist, auf sich selbst zu achten, Verantwortung zu tragen und sich gegenüber anderen Mitmenschen respektvoll zu verhalten. Wenn der kindhafte Narzissmus jedoch im Erwachsenen verharrt, wird er zum pathologischen Problem.

Die narzisstische Persönlichkeitsstörung manifestiert sich in den meisten Fällen in der frühkindlichen Entwicklung als Abwehrmechanismus gegen traumatische Erfahrungen wie z. B. häusliche Gewalt, sexuelle Belästigung, allgemeine Vernachlässigung oder das Verlassenwerden durch einen Elternteil. Jene Erfahrungen führen zu einem Gefühl, ungenügend zu sein und daher nicht ausreichend geliebt zu werden bzw. diese Liebe im späteren Leben nicht zu verdienen — ein emotionales Loch, das der erwachsene Narzisst bis ans Ende seiner Tage zu füllen versucht. Der Narzisst ist daher für immer auf der Jagd nach einem Elternersatz, um etwas zu ersetzen, was ihm seine eigenen Eltern nie gaben. Aufgrund seiner extremen kindhaften Bedürftigkeit, sucht der Narzisst sich Partner mit fürsorglichen Persönlichkeiten aus. Er ist schlichtweg ein Schmarotzer! Strategisch ausgewählt, klammert er sich wie ein Parasit an sein Opfer, um dieses auszunutzen; sollte sich das Leben deines Lebensgefährten verbessern, während dein eigenes gen Keller läuft, so bist du der Wirt eines Parasiten geworden. Leider wird sich seine innere Leere nie zu seiner Zufriedenheit füllen lassen, was zur Abwertung seines Partners führt, den der Narzisst nach einiger Zeit als wertlos und austauschbar erachtet.

Aber egal welche traumatische Erfahrung auch immer zur narzisstischen Persönlichkeitsstörung führte, so ist dies keine Entschuldigung für deinen Missbrauch — eine Mitleidsfalle, in die sich Empathen leider immer wieder verfangen. Sein sturer Unwille, Verantwortung zu übernehmen und der Mangel an Selbstreflexion, machen es schwierig, den Narzissten davon zu überzeugen, an seine traumatischen Wunden seiner Kindheit zu arbeiten, um sein unangepasstes Verhalten zu korrigieren. Zumindest von außen will der Narzisst als makellos wahrgenommen werden, frei von jeglichen Fehlern und Unsicherheiten, obwohl sie jedem bekannt sind, der jemals mit ihm in näherem Kontakt stand. Somit dient sein Abwehrmechanismus auch dem Zweck, ein *falsches Selbst* aufrechtzuerhalten oder zumindest seine eigene Wahrnehmung davon. Was ihm als Abwehr und Selbstschutz dienen soll, führt schlussendlich jedoch immer zur Eigensabotage und zur Sabotage von anderen, da der Narzisst nicht nur liebevolle und fürsorgliche Partner vergrault, sondern durch seinen Missbrauch auch eine Reihe von Opfern und Zerstörung hinterlässt. Stelle dir einen kleinen, ungehobelten Rabauken vor, der die legalen Rechte eines Erwachsenen ausüben darf: es ist eine Garantie für ein Desaster in der Hand eines Irren.

Was unterscheidet narzisstischen Missbrauch von anderen Missbrauchsarten?

Narzissten sind *soziale Raubtiere* (im weiteren Verlauf auch *„Predator"* genannt), die Leute strategisch anvisieren, um ihr persönliches Bedürfnis nach *narzisstischer Zufuhr* zu befriedigen. Narzisstischer Missbrauch folgt einem eindeutig identifizierbarem Handlungsmuster (bzw. Missbrauchszyklus), welches in vier Phasen gegliedert ist: *1) Love Bombing, 2) Abwertung, 3) Entsorgung oder Flucht und 4) Hoovering.* Ihr strategisches, raubtierhaftes Anvisieren von Opfern, dessen Schwächen und / oder Behinderungen sie zu ihrem Vorteil nutzen, stellt Narzissten auf gleicher Ebene mit Kinderschändern, Vergewaltigern oder auch Serienmördern.

Narzisstischer Missbrauch in intimen Beziehungen kann jegliche erdenkbare Form von Missbrauch mit sich bringen; dieser steigert sich zunehmend und versetzt das Opfer in eine Kriegszone in ihrem einst behaglichen zu Hause. Daher ist es nicht verwunderlich, dass Opfer narzisstischen Missbrauchs nicht nur den Verlust ihrer selbst, sondern auch posttraumatische Belastungen[4] erleben, wie sie so oft bei Kriegsveteranen diagnostiziert werden und nicht selten auch genauso zum Selbstmord führen.

---

4 Ich sehe absichtlich davon ab, von einer posttraumatischen Belastungs*störung* zu reden. Jeder, der über längere Zeit Gewalt und Missbrauch ausgesetzt war, würde unter posttraumatischer Belastung leiden, aber nicht zwangsläufig in seiner Persönlichkeit *gestört* sein.

Frühe Warnsignale von offensichtlichen Narzissten

o spricht mit grandioser Aufgeblasenheit und Arroganz nur über sich selbst und hat das Bedürfnis nach der Aufmerksamkeit und Bewunderung anderer
o fühlt sich überlegen und hat eine hohe Anspruchshaltung
o missachtet Regeln, Gesetze und Autoritäten
o vertritt antisoziales Verhalten und Meinungen, mag rassistisch oder diskriminierend gegenüber Minderheiten auftreten oder unbegründete Abneigung gegenüber Unschuldigen wie z. B. Babys, Kindern oder Tieren aufweisen

Frühe Warnsignale von verdeckten Narzissten

o möchte *alles* über dich wissen und fragt dich gekonnt und gezielt aus
o erscheint verzweifelt, hilflos, bedürftig, anhänglich oder depressiv
o mag *zu viel des Guten* sein: zu charismatisch, zu charmant, zu fürsorglich, zu liebevoll, zu unterstützend, zu selbstaufopfernd, zu heldenhaft — der sprichwörtliche „Prinz auf dem weißen Ross"
o macht frühzeitig schmeichelnde Komplimente und Geschenke
o nennt dich früh seine *Seelenverwandte*

o hat zufällig genau dieselben Interessen, Träume und Ziele wie du[5]

o lässt dich schuldig fühlen, wenn du nicht unverzüglich seine exzessiven Nachrichten oder Anrufe beantwortest

o bittet dich um Hilfe in einer persönlichen oder beruflichen Angelegenheit

o zwingt sich dir auf, dir in einer persönlichen oder beruflichen Angelegenheit zu helfen

o mag dir anfänglich bereits genau *sagen*, was seinen wahren Charakter ausmacht, hält ihn aber noch vor dir verdeckt

o starrt dich mit einem tief durchdringenden, raubtierhaften und hypnotisierenden Blick an

Allgemeine Eigenschaften von Narzissten

o Mangel an Empathie, anspruchsvolle, egoistische und reuelose Ichbezogenheit

o kontrollierend, berechnend, manipulativ

o krankhaftes Lügen, gespaltenes Gut-und-Böse-Verhalten, hält ein falsches Selbstbild und / oder Opferrolle aufrecht

o grandioses Ego, übertreibt maßlos über seine eigenen Leistungen und angeblichen Erfolge, nimmt keinerlei Ratschläge an, teilt sie aber selbst gerne aus

o herablassender Ton und Verhalten gegenüber Unterlegenen (z. B. Service-Personal)

---

[5] Siehe Kapitel *Beurteilung, Spiegeln und Vertrauensaufbau.*

- mobbt vermeintlich schwächere Personen, zieht über andere Leute her, verbreitet Gerüchte und verheerende Schmierkampagnen
- cholerisch, impulsiv und rücksichtslos, ignoriert persönliche Grenzen
- nachlässig, unorganisiert, neigt dazu, jede Situation in Chaos zu verwandeln
- unlogische Verhaltens- und Denkweise, Mangel an gesundem Menschenverstand, heuchlerische Doppelmoral, neigt zur Selbstsabotage
- Mangel an Verantwortung gegenüber sich und anderen
- wahnhafte Vorstellungen, lebt in einer Fantasiewelt, entzieht sich häufig der Realität z. B. mittels Video- oder Rollenspielen
- geringes Selbstwertgefühl, unsicher, bedürftig, anhänglich, unreif, neigt zum Selbsthass
- fürchtet sich davor, verlassen oder abgelehnt zu werden
- hat Angst zu altern und seine Attraktivität zu verlieren
- paranoid und überwachsam
- emotionale Unverbundenheit, zeigt gespielte Emotionen wie z. B. Krokodilstränen
- besitzt ein von Neid und Eifersucht behaftetes Konkurrenzdenken
- hat viele Bekannte, aber keine festen Freunde
- antagonistisch, hat viele Brücken hinter sich abgebrochen und macht schnell neue Feinde
- Schwarz-Weiß-Denken *(Splitting)*; Menschen sind entweder nur gut oder nur böse

- ist nachtragend und hegt einen Groll gegenüber anderen
- wird zu schnell intim mit anderen, aber weist gleichzeitig einen Mangel an wahrer Intimität auf
- hat mehrere gescheiterte Beziehungen, Ehen oder Arbeitsverhältnisse hinter sich
- gestörte Beziehung zu seinen Eltern und Kindern
- ist ein emotional, mental, physisch und spirituell auslaugender Energievampir
- parasitenhafter Lebensstil, nutzt seine Mitmenschen lediglich zum eigenen Vorteil aus
- schlechter Umgang mit Finanzen, lebt von Krediten und häuft immer wieder neue Schulden an
- kopiert und spiegelt das Verhalten, die Vorlieben, Eigenschaften und Identitäten anderer wider
- Wechsel zwischen exzessivem Kontakt und gleichgültiger Totenstille *(Silent Treatment)*
- oftmals abhängig von Glücksspiel, Sex, Pornografie, Zigaretten, Alkohol, Drogen oder anderen Substanzen und Aktivitäten
- steht auf ungeschützten Geschlechtsverkehr oder außergewöhnliche Sexualpraktiken und ist nicht selten untreu dabei

Sei darauf bedacht, dass ein einziges Warnsignal oder eine einzige Eigenschaft jemanden nicht gleich zu einem Narzissten macht; eine Kombination aus mehreren Warnsignalen und Eigenschaften sowie ein wiederkehrendes Handlungsmuster müssen hierbei beobachtet werden.

Absolut unlogisch

Wenn du wie ich eine logische Person bist, so wirst du diese Logik beim Narzissten nicht vorfinden. Der Narzisst ist ein Manipulator, der von jeglichem Versuch ablenkt, eine gescheite Lösung zu finden. Er projiziert, lügt, verdreht die Tatsachen, macht an den Haaren herbeigezogene Anschuldigungen oder Behauptungen, und fällt die außergewöhnlichsten Entscheidungen, die deinen Kopf zum Platzen bringen. Es ist einfach zum Verrücktwerden! Dieses unlogische Verhalten dient nur einem einzigen Zweck: nämlich, um seine Fantasiewelt aufrecht zu erhalten, in der er der Größte ist und darüber bestimmt, was gemacht und getan wird. In der Fantasiewelt gilt er als beruflich erfolgreich, wohlhabend, populär, attraktiv, anerkannt und sogar berühmt. Dies ist jedoch so weit von der Realität entfernt, dass es dir so vorkommen musste, als hätten du und der Narzisst in einem Paralleluniversum gelebt. Der Versuch, ihn mit beiden Beinen auf den Boden der Tatsachen zu holen und der Realität ins Auge zu blicken, um sich wie ein verantwortungsvoller Partner zu verhalten, wurde somit eines unserer größten Herausforderungen in unseren Beziehungen.

Der Narzisst fällt im Leben oft spontane Entscheidungen aus einem Impuls heraus, ohne auch nur ein einziges Mal über die Konsequenzen nachzudenken. Er gibt Geld aus, welches er nicht hat und investiert an den falschen Stellen. Er bricht Verbindungen ab, die er aktuell als unwichtig oder irrtümlich gar als bedrohlich empfindet. Die Sinnlosigkeit in seinen Entscheidungen ist am offensichtlichsten in der Zerstörung seiner Liebenden, was auch letztendlich ihn selbst zerstört. Der Narzisst ist ein Versager auf ganzer Linie und ein Feigling, der es auf schwache und wehrlose Menschen abgesehen hat, aber dabei ist er sein eigener und schlimmster Feind und macht sich obendrein noch ständig neue dazu. Er fürchtet sich so sehr davor, abgelehnt und verlassen zu werden, jedoch führt sein Verhalten genau zu jener Konsequenz. Er lernt einfach nicht aus seinen Fehlern und projiziert seinen Selbsthass und seine Makel auf seine Mitmenschen, was es ihm erlaubt, sich dadurch besser über sich selbst zu fühlen. Durch seine paranoiden Vorstellungen, sieht er jeden als Bedrohung und Konkurrenten an, der eine positive Einstellung zum Leben hat oder der sozial, finanziell oder beruflich besser dran ist als er selbst; jeder, der sein Leben praktisch fest im Griff hat, während der Narzisst in allen Lebensbereichen Kontroll- und Machtlosigkeit erfährt. Zugegeben, ein paar Narzissten sind erfolgreich und in der Lage, Langzeitziele zu setzen, jedoch haben sie in den meisten Fällen bereits ein Minenfeld ausgelegt, welches haushoch in die Luft fliegt, sobald sie ihrem Ziel zu nahe kommen. Natürlich ist nichts von alledem jemals die Schuld des Narzissten. Seine Unfähigkeit zur Selbstreflexion und Verantwortung zu übernehmen sorgt nicht nur dafür, dass ihm sein Karma regelmäßig heimsucht, sondern, dass er in seinem eigenen Teufelskreis von Missbrauch und Fehlern gefangen bleibt, aus dem er niemals entkommen wird.

Von Verrückten umgeben

Die bittere Wahrheit narzisstischen Missbrauchs ist es, dass niemand versteht, was du durchmachst, es sei denn, sie haben es selbst erlebt.

Wenn du auch nur versuchst, Außenstehenden zu erklären, dass du mit einem Psychopathen oder Soziopathen zusammen bist oder warst, was maligne Narzissten sind, so wirst du skeptisch angesehen, als wärest du die Verrückte und hättest zu viele Horrorfilme geschaut. Je mehr du versuchst, deine Mitmenschen davon zu überzeugen, desto verrückter und paranoider erscheinst du ihnen, besonders dann, wenn du die Beziehung erst vor Kurzem verlassen hast und immer noch dermaßen traumatisiert bist, dass man dein altes Ich nicht mehr erkennt.

Falls du es mit einem *verdeckten* Narzissten zu tun hast, der in der Öffentlichkeit gelassen bleibt, ist es ihm ein leichtes Spiel, dich als seine „verrückte Ex" hinzustellen.

Es gibt in der Tat zwei Arten von *verrückten Exen*. Zunächst einmal gibt es diejenige, die der Narzisst tatsächlich an den Rand des Wahnsinns getrieben hat und dann gibt es diejenige, welche ihn durchschaut hat und die Wahrheit spricht. Der Narzisst hat vor nichts mehr Angst als entlarvt zu werden; besonders der verdeckte Narzisst ist wie ein Vampir, der das Licht fürchtet und daher sein Unwesen im Dunkeln treibt. Wenn der Narzisst andere Leute als *verrückt* bezeichnet, überzeugt er nicht nur sich selbst, sondern auch andere davon, dass er das Opfer ist und erhält somit die

Sympathie, die er benötigt, um seine Mitleidsmasche fortzuführen und sein falsches Selbst aufrechtzuerhalten.

Als du den Narzissten das erste Mal trafst, lerntest du ihn unter Umständen in einem sehr depressiven Zustand kennen. Möglicherweise beschwerte er sich, dass ihm alle Unrecht taten und ihn schon sein ganzes Leben lang nur ausnutzen und missbrauchen würden. Er fühlte sich einsam und konnte niemandem mehr trauen, außer dir... vielleicht.

Höre ganz genau hin, wie jemand über andere spricht und schau dir den gemeinsamen Nenner in all seinen Erzählungen an. Wenn *jeder* in seinem Leben verrückt erscheint, dann heißt dies vielleicht, dass *er* schlichtweg das Problem sein mag. Es gibt einen Hinweis auf einen Mangel an Selbstreflexion. Hat er denn jemals versucht, sein Elend zu verbessern? Hat er versucht, professionelle Hilfe aufzusuchen, um herauszufinden, warum er ständig so viele toxische Menschen anzieht? Die Antwort lautet mit aller Wahrscheinlichkeit *nein*.

Während seiner ganzen Lebenszeit hinterlässt der Narzisst eine Reihe angeblich verrückter Leute und Feinde. Für die Mehrheit dieser angeblich verrückten Leute und Feinde ist der Narzisst absolut egal und sie würden nicht einmal einen Gedanken daran verschwenden, ihn zu ihrem Feind zu machen; sie halten sich einfach nur fern, um in Frieden weiterleben zu können.

Die Rolle von Schamgefühlen

Der Narzisst ist ein von Schamgefühlen geplagtes Wesen, was ihn abhängig von einer falschen Persönlichkeit macht, um seine Verletzbarkeit vor der Öffentlichkeit zu verstecken. Er schleppt nicht nur die Scham seiner Kindheit mit sich rum, sondern fügt auch immer wieder neue hinzu, da er sich durchaus bewusst ist, was er seinen Mitmenschen mit seinem Verhalten antut. In der Hoffnung, dass durch das Leugnen seiner wahren Persönlichkeit das Schamgefühl verschwindet, lässt dies das Gefühl jedoch nur weiter wachsen; ein Grund, weshalb der Narzisst im Alter schlimmer wird.

Es kommt nicht selten vor, dass beide Partner in einer Beziehung Schamgefühle ihrer Kindheit in sich tragen. Narzisstischer Missbrauch projiziert die Scham des Narzissten und steigert somit die bereits existierende Scham des Opfers, weshalb es enorm wichtig ist, dass Opfer und Survivors eine Anlaufstelle haben, wo sie über ihren Missbrauch reden können, um davon zu heilen. Wird Scham ignoriert oder verdrängt, kann dies (selbst-)zerstörerische Auswirkungen haben bei kranken wie auch gesunden Personen wie z. B. der Missbrauch von anderen, Projektion, soziale Abkapselung, Suchterkrankungen, selbstverletzendes Verhalten oder gar Selbstmord.

Der Narzisst hofft, dass dich deine Scham in Schach hält und ihn davor beschützt, aufgedeckt zu werden. Einen Narzissten zu enthüllen, bedeutet, dass auch du dich enthüllen musst. Der positive Nebeneffekt dieser Entblößung ist die

Befreiung von Schamgefühlen. Die Wahrheit auszusprechen gibt deinem Schamgefühl keine Chance, weiter zu bestehen und dich zu quälen.

Der Narzisst und die Liebe

Es ist kaum zu glauben, wie oft der Narzisst das Wort *Liebe* in einer Partnerschaft über die Lippen bringt. Opfer narzisstischen Missbrauchs fragen sich, ob der Narzisst überhaupt fähig ist, zu lieben. Die Antwort lautet *ja*. Allerdings ist seine Vorstellung von Liebe gestört und bleibt daher auf beiden Seiten unerfüllt. Der Narzisst ist auf einer endlosen Suche nach Liebe, um sein bodenloses Loch zu füllen und laugt seine Opfer emotional, mental und physisch aus, während sie versuchen, es ihm in allem recht zu machen. Daher erscheint der Spruch *„Du liebst mich nicht genug!"* wie ein wiederkehrendes Mantra unter Narzissten.

Doch Liebe benötigt Empathie und Intimität, welche der Narzisst nicht besitzt. Es ist gut möglich, dass du in deiner Vergangenheit selbst nie ein Vorbild hattest, das dir wahre Liebe beibrachte; du hattest lediglich die Idee von Liebe erfahren und hast daher den Missbrauch länger ausgehalten, als es andere getan hätten. In deinem Heilungsprozess von narzisstischem Missbrauch solltest du lernen, was wahre Liebe wirklich bedeutet und wie du, als Teil von Selbstliebe, Grenzen setzen kannst.

Aufreißer, Vollidioten und der Narzisst

Du fragst dich vielleicht: *„Wie kann ich mir sicher sein, ob er ein Narzisst ist und nicht nur ein Aufreißer oder ein kompletter Vollidiot?"* Die Antwort ist simpel: Während Aufreißer oder Player und Vollidioten in den meisten Fällen narzisstische Züge aufzeigen, wie wir sie alle in uns tragen, so legen sie kein raubtierhaftes Verhalten an den Tag, verführen ihre Zielobjekte nicht mit Strategie, und folgen nicht den Phasen des Missbrauchszyklus mit der Absicht, ihre Opfer zu vernichten.

Ein Aufreißer lügt oft noch nicht einmal, dass er lediglich an eine schnelle Nummer interessiert ist; manche verheimlichen sogar ihre Untreue nicht. Aufreißer sind wenig an einer wahren Beziehung interessiert, wobei der Narzisst hingegen sein Doppelleben im Dunkeln hält und sein positives Auftreten in der Öffentlichkeit bewahren muss mittels einer angeblich stabilen und aufrichtigen Beziehung mit dir.

Ein Vollidiot legt ein durchgehend negatives Verhalten an den Tag, während der Narzisst sein Verhalten gegenüber bestimmten Personen, Anlässen und Gelegenheiten anpasst, um sich einen gewissen Vorteil zu verschaffen.

Langzeitrisiken narzisstischen Missbrauchs

o   Mangel an Vertrauen und der Einschätzung anderer
    Leute und deiner selbst

- Gefühl von Unsicherheit, extreme Wachsamkeit und Paranoia
- Konzentrationsmangel und Gedächtnisschwierigkeiten
- Verlust von Arbeit, Geld und sozialer Absicherung
- Verlust von Besitztümern wie z. B. ein Auto oder Haus
- Soziale Isolation und Verlust von Freunden und Familienmitgliedern
- Verlust der eigenen Identität
- Emotionale Abstumpfung und Trigger
- Chronische Krankheiten und Schmerzen
- Psychologische Schäden
- Depressionen
- Komplexe posttraumatische Belastungen
- Sexuell übertragbare Krankheiten, HIV/AIDS, Hepatitis, andere Geschlechtskrankheiten
- Physischer Schaden durch den Narzissten oder Selbstzufuhr
- Extremer Gewichtsverlust bzw. Gewichtszunahme, Essstörung
- Diabetes
- Herzkrankheiten, Herzinfarkt, Herzstillstand
- Hirnschäden, Schlaganfall
- Krebs
- Bewusstlosigkeit und Koma
- Tod aufgrund von gesundheitlichen Problemen, Unfall, Mord oder Suizid

Aufgaben:

1) Welche Warnsignale und narzisstische Eigenschaften hast du bemerkt oder ignoriert, als du den Narzissten kennenlerntest?

2) Welche Warnsignale und narzisstische Eigenschaften sind dir während der Beziehung an deinem Partner aufgefallen?

3) Welche Warnsignale und narzisstische Eigenschaften hast du im Nachhinein an deinem Ex-Partner festgestellt?

4) Welche persönlichen Risiken warst du während der Beziehung ausgesetzt?

5) Denke an deine vergangenen Beziehungen, Freunde, Familienmitglieder und Arbeitskollegen. Wen würdest du als Narzissten identifizieren?

Das narzisstische Beuteschema

Narzissten sind Raubtiere und Opportunisten. Unfähig, sich selbst zu versorgen, suchen sie gezielt Leute aus, die ihren Bedarf an *narzisstischer Zufuhr* befriedigen. Diese Zufuhr kommt in allen möglichen Arten und Weisen vor wie zum Beispiel Unterkunft, Transport, Arbeit, Verpflegung, Sex, Geld oder Status, wessen sie sich bereichern, während sie dir die große Liebe vorspielen.

Wie bereits zuvor erwähnt, sind sie in ihrer Entwicklung gehemmt, was jedoch keine Entschuldigung für ihr Verhalten im Erwachsenenalter ist. Narzissten finden ihre Beute *instinktiv*, beurteilen sie mit *Intelligenz* und fangen sie dann *strategisch* ein; dies macht ihr Vorgehen zum organisierten Verbrechen. Sie *suchen*, *erobern* und *zerstören* mit solch außerordentlichem Talent, das selbst den *Terminator*[6] wie eine Witzfigur aussehen lässt. Narzissten bemühen sich sehr, ihr *falsches Selbst* zu bewahren. Es kann wirklich jeder sein: der freundliche Nachbar von nebenan, der heiligste Christ in deiner Gemeinde, dein Arbeitskollege, der nette Fremde, der

---

[6] *The Terminator*, Regie James Cameron, produziert von Hemdale and Pacific Western Productions (USA 1984)

dich nach dem Weg fragt oder die nette Barista, die dir jeden Morgen deinen Kaffee mit einem Lächeln serviert. Warum reagieren wir so geschockt, wenn wir plötzlich erfahren, dass unsere Lieblingsstars in Wahrheit Sexualstraftäter sind? Weil wir so sehr an das Image glaubten, das sie kreierten und uns vorspielten, um sich nach außen hin besser zu vermarkten.

Unsere größte Verletzbarkeit ist es, zu lieben. Der Narzisst ist sich dessen bewusst, daher kann er nicht lieben. Die narzisstische Persönlichkeitsstörung ist wie ein Abwehrmechanismus, um seine Verletzlichkeit zu verheimlichen. Wahre Liebe macht uns verletzbar, daher erobert der Narzisst unsere Herzen im Sturm und stößt uns im unerwartetsten Moment von dem wackligen Podest, auf das er uns gestellt hat.

Mit seinem großartigen Manipulationstalent, hat er dich unter Kontrolle gebracht, für ihn zu sorgen. Im besten Fall bist du empathisch, hast einen guten sozialen Status, bist beruflich erfolgreich, finanziell stabil und intelligent, jedoch naiv genug, um ihm zu vertrauen und dich von ihm blenden zu lassen. Dies bedeutet allerdings nicht, dass du auch nur eine deiner positiven Eigenschaften ändern solltest; du solltest stolz auf sie sein, jedoch musst du lernen, feste Grenzen zu setzen, um deren Ausbeutung zu verhindern.

Empathen sind die Lieblingsziele von Narzissten. Sie übernehmen die Rolle des Versorgers und haben die besondere Gabe, sich in den Narzissten hinein zu versetzen, um dann ganz genau seine Wünsche und Bedürfnisse zu erfüllen. Das Innenleben von Empathen ist so komplex und immer im Gange, sollte damit gespielt werden, kann dies zu verheerend psychologischen Schäden führen, die einzig und allein das sadistische Ego des Narzissten nähren. In unseren ständigen Versuchen, dem Narzissten zu helfen und sein Leben zu reparieren, endeten wir nur damit, uns selbst reparieren zu müssen.

Mein Partner gab damals zu, er hätte sofort gewusst, dass ich eine Empathin sei, als ich über meine geliebten Hunde gesprochen hatte. Der Narzisst mag jedem erzählen, er sei die empathischste Person überhaupt, jedoch machen ihn seine Anspruchshaltung, sein Mangel an Grenzen und die Tatsache, dass er seine Mitmenschen wie bloße Objekte behandelt, zum gefährlichsten Triebtäter in unserer Gesellschaft.

Beurteilung, Spiegeln und Vertrauensaufbau

Bevor der Narzisst mit dir eine Beziehung eingeht, muss er dich durch einen eingehenden Beurteilungstest jagen, um deinen Wert für ihn einzuschätzen. Der Narzisst ist ein *Perfektionist* und sucht nach der *perfekten* Zufuhr, während er selbst alles andere als perfekt ist. Er wünscht sich selbst, all deine guten Eigenschaften zu besitzen, für die er dich beneidet.

Seine Beurteilung fängt damit an, dass er ein oberfläch-
liches Gefühl von Freundschaft und Vertrauen in dir erzeugt.
Er beginnt, dich mit seiner Liebe zu bombardieren *(Love-
Bombing)* und zu verführen, um dich so für den nächsten
Schritt zu einer intimen Beziehung vorzubereiten; dieser
Prozess ist besser bekannt als *Grooming*. Er erreicht dies,
indem er dich zunächst von einer Gruppe (bspw. aus Freunden, Familienmitgliedern oder Arbeitskollegen) isoliert, damit du dich in seiner Gegenwart besonders fühlst und er dir
ein Gefühl von Sicherheit und Intimität vorspielen kann, um
dich ihm zu öffnen. Dieser scharfsinnige Beobachter muss
einen Weg durch deine Barrieren finden und greift daher tief
in seine Trickkiste, um dich mit seinem Charme zu überwäl-
tigen und dich zu *spiegeln*. Mit einem falschen, breiten Lächeln auf seinem Gesicht ist seine ganze Aufmerksamkeit auf
dich gerichtet und er stimmt dir mit all deinen Meinungen,
moralischen Überzeugungen und Vorlieben überein, wird
aber im späteren Verlauf der Beziehung genau das Gegenteil
behaupten. An diesem Punkt beginnt eine recht oberflächli-
che Seelenverwandtschaft; du bist ganz aufgeregt über diesen Volltreffer und endlich einem Menschen begegnet zu
sein, der genau wie du ist und dich versteht. Es scheint fast
so, als hättet ihr euch schon seit einer Ewigkeit gekannt.

Die erste Grenze, die ein Narzisst angreift, ist deine Pri-
vatsphäre. Er versucht, herauszufinden, ob du derzeitig in
einer Beziehung bist, welche Ausbildung du genossen hast,
was dein Beruf ist und wie hoch die möglichen Einkommen

sind, welches Auto du fährst, wo du lebst und wie du wohnst, wo du gerne hin ausgehst und mit wem, wer deine Familie und Freunde sind, schlichtweg wo du herkommst und wie du überhaupt diesen Punkt erreicht hast, wo du heute im Leben stehst. Wie du siehst, so hast du in kürzester Zeit deine komplette Lebensgeschichte und deinen möglichen Wert für ihn offenbart in diesem scheinbar harmlosen, ersten Gespräch des Kennenlernens.

Der Narzisst nutzt deine Schwächen und Unsicherheiten aus wie z. B. ein geringes Selbstwertgefühl. Diesem Opportunisten ist es egal, ob du in der Vergangenheit bereits schon einmal missbraucht wurdest, deinen Ehemann vor Kurzem verloren oder den Krebs besiegt hast. Deine schrecklichen Erfahrungen sieht er eher als perfekte Gelegenheit, seinen Fuß in die Tür zu bekommen, indem er dir Sympathie und Unterstützung vorspielt.

Wenn du ihm eine Geschichte über häusliche Gewalt erzählst, so glaubst du, endlich einen guten Zuhörer gefunden zu haben, der dir Wort für Wort an deinen Lippen hängt und dir nachempfinden kann, was du durchgemacht hast, obwohl er einfach nur darauf aus ist, Informationen über deine Schwächen herauszufinden. Er mag dir zum Ausgleich seine Erfahrungen mit häuslicher Gewalt teilen, aber während du jedes Details offenbarst, teilt er lediglich nur Bruchstücke von sich oder seine verdrehte Version seiner Geschichte mit nur einem einzigen Ziel: *dein Herz zu berühren und ihn zu bemitleiden.*

Der Narzisst schätzt deine emotionale Reaktionen ein und beurteilt somit dein Maß an Empathie sowie dein Wille, dich um ihn und seine emotionalen Bedürfnisse zu kümmern; bereits jetzt weiß er, wie er deine Emotionen manipulieren kann. Des Weiteren kann er sich sicher sein, dass es ihm ein Leichtes sein wird, das Opfer spielen zu können und dich verantwortlich fühlen zu lassen.

Innerhalb von nur 24 Stunden erfuhr ich, dass mein zukünftiger Partner als Kind missbraucht wurde, sein Vater ihn verlassen und seine *böse* Ex-Frau ihm die Kinder weggenommen hatten und er zu alledem auch noch Witwer war. Im Laufe unserer Beziehung habe ich gemerkt, dass er all seine vorherigen Lebenspartnerinnen kein Stück besser behandelt hatte als mich. Der einzige Gedanke, der mich am Leben hielt, war, dass ich es ihm nicht erlaubte, über *meine* Leiche den *armen Witwer* spielen zu können. Narzissten haben keine Reue, selbst die Toten, zu denen sie immer noch ihre Liebe beteuern, für ihre kranken Machenschaften weiterhin zu missbrauchen. Ein jeder, der bereits eine Partnerin verloren hat, würde die nächste wie eine Königin behandeln aus der Angst heraus, sie auch noch verlieren zu können. Somit war mir klar, dass mein Partner nie jemanden wirklich geliebt hatte. Da ich selbst in meiner Vergangenheit nie ein Beispiel von wahrer Liebe erfahren hatte, nahm ich seine Trauer und sein Love-Bombing jedoch ernst.

Neben den emotionalen, durchbricht der Narzisst schnell auch die physischen Grenzen, indem er sich in deine persönliche Distanzzone wagt, um zu sehen, wie zugänglich du bist; er stellt sich ziemlich dicht neben dich oder berührt zärtlich Teile deines Körpers, die unschuldig und gesellschaftlich akzeptabel sind, bspw. deinen Arm oder deine Schulter. Diese Art der Berührung weckt nicht nur Vertrauen, sondern auch sexuelle Stimulation, welches oft zu vorzeitigem Sex mit dem Narzissten führen kann.

Rückblickend äußern Survivors, dass eines der ersten Merkmale, das sie beim Narzissten bemerkten, ein *tief durchbohrender, starrer Blick* war, der in ihnen ein unangenehmes Gefühl auslöste, sich aber gleichzeitig auch davon angezogen fühlten. Den sogenannten *Raubtier-Blick (engl. predatory stare)* benutzt er, um seine Ziele anzuvisieren, zu beurteilen, zu kontrollieren, anzuziehen oder einzuschüchtern. Ich hätte mit den Händen vor den Augen meines Partners wedeln können, jedes Mal, wenn er eine andere Frau direkt neben uns oder am anderen Ende des Raumes anvisierte; er hätte mich rein gar nicht zur Kenntnis genommen. Es war schockierend, ihn so zu sehen; wie ein Alligator, der in den Gräsern lungerte und bereit war anzugreifen und zu töten, und natürlich löste es in mir das niederschmetternde Gefühl aus, nicht gut genug für ihn zu sein.

Der starre Blick ist von Wunder und Besessenheit und gleichzeitig von Hass und Neid erfüllt. Solltest du merken, dass dich jemand anvisiert, vermeide jeglichen Augenkontakt und warte ab, was dann passiert. Sie halten es nicht aus, ignoriert zu werden. Jedes Mal, wenn ich den Raubtier-Blick wahrnehme, positioniere ich mich so, dass ich den Predator aus meinem Augenwinkel beobachten kann. Die Wut über meine Gleichgültigkeit, die sich hinter seinen toten Augen anstaut, ist fühlbar. Manchmal jedoch, starre ich zweifelhaft zurück; ich ziehe eine Augenbraue hoch und treibe sie damit in den Wahnsinn, weil ich sie durchschaue.

Mache dich mit den frühen Warnsignalen eines Narzissten[7] vertraut. Es ist einfacher, einen Narzissten auszumachen, als du denkst; besonders dann, wenn du bereits jene unangenehme Erfahrung mit einem hinter dir hast.

Narzisstischer Missbrauch ist persönlich und unpersönlich zugleich. Der Missbrauch ist nicht nur speziell auf das Opfer angepasst, sondern hat gleichzeitig auch gar nichts mit dem Opfer zu tun; der Missbrauch ist lediglich die Projektion narzisstischer Unvollkommenheit auf das vollkommene Opfer. Da der Narzisst deine guten Eigenschaften dir gegenüber zurückspiegelte, mag es sich so angefühlt haben, als wärest du anfänglich mit dir selbst eine Beziehung eingegangen. Du hast dich praktisch in dich selbst verliebt — in deine positiven Eigenschaften — und daher solltest du wissen, dass du im Stande bist, dich genau so zu akzeptieren und zu lieben, wie du bist.

---

[7] Siehe Kapitel *Frühe Warnsignale von offensichtlichen Narzissten* und *Frühe Warnsignale von verdeckten Narzissten*.

Aufgaben:

1) Schreibe eine Liste all deiner positiven Eigenschaften.

2) Auf welche Eigenschaft bist du am meisten stolz?

3) Wie kommt dir deine beste Eigenschaft selbst zu Gute?

4) Wie wurde deine beste Eigenschaft durch den Narzissten oder andere ausgenutzt?

5) Wovor fürchtest du dich, wenn du eigentlich „Nein" sagen willst?

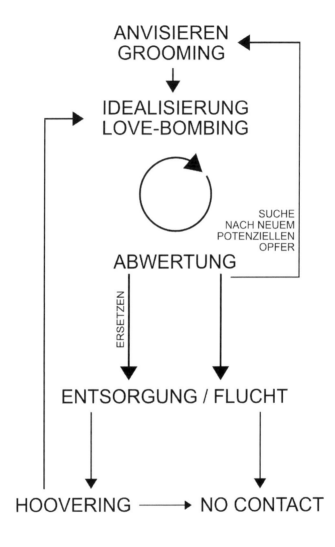

Der Kreislauf narzisstischen Missbrauchs in toxischen Beziehungen.

Phase 1:
Idealisierung und Love-Bombing

Während des Kennenlernens und zu Beginn der Beziehung wird das Opfer *idealisiert*. Dieser Vorgang im narzisstischen Missbrauch ist auch besser bekannt als *Love-Bombing*. Sein Opfer wird regelrecht *bombardiert* mit seiner Aufmerksamkeit, Zuneigung und vorgetäuschten Liebe. Hier wird im Nachhinein das falsche Auftreten des Narzissten besonders deutlich: er erscheint ruhig, gefasst, charmant, charismatisch und überaus fürsorglich. Unser *Traumprinz*, den wir alle aus den Märchenbüchern kennen, ist endlich angekommen und dieser Ritter in schimmernder Rüstung kommt angeritten, um uns zu retten; endlich hat jemand unsere Gebete erhört und der Narzisst liest uns jeden unserer Wünsche von den Lippen ab. Genieße den Ausblick auf deiner Schwebewolke, solange du kannst, denn *wenn es zu gut ist, um wahr zu sein, dann ist es das meistens leider auch.*

Als du den Narzissten das erste Mal trafst, ließ dich deine Intuition vielleicht spüren, dass irgendetwas an dieser

Person nicht so recht stimmte. Er war ein wenig *zu viel* von allem: *zu* aufmerksam, *zu* charmant, *zu* hilfsbereit, *zu* offen und ehrlich sogar. Du magst dich gewundert haben: *„Warum spielt mein Bauchgefühl so verrückt, wenn er so nett und vertrauenswürdig ist?"* und da du dir aus deinem seltsamen Gefühl keinen Reim machen konntest, gabst du ihm bedenkenlos den Vertrauensbonus. Wir waren alle schon mal an diesem Punkt und sagten uns: *„Die Zeit wird es zeigen."* Dies war unser erster Fehler, den wir uns später kaum zu vergeben wissen und für eine Weile tragen wir diese nervenaufwühlende Stimme in uns, die uns immer wieder sagt: *„Ich habe es dir doch gesagt!"* und unser Scham- und Schuldgefühl dadurch erhöht.

Die *Zeit*, die wir dem Narzissten gaben, um unser Bauchgefühl zu widerlegen, war die Zeit, in der er uns mit seiner vorgespielten Liebe bombardierte und uns jenseits Wolke sieben in den Himmel lobte; er stellte uns so weit oben auf ein Podest, wo er zu uns aufblickte, und zog es im unerwartetsten Moment unter unseren Füßen weg.

Idealisierung und Love-Bombing sind nicht dafür da, das Opfer gut fühlen zu lassen und eine tiefere Verbindung mit ihm aufzubauen. Diese erste Phase ist die Falle, in die sie uns locken für den nächsten Schritt: die *Abwertung* — die zweite Phase narzisstischen Missbrauchs. Während der Abwertung erlebt das Opfer weiterhin Phasen der Idealisierung oder auch Re-Idealisierung, was den Missbrauchskreislauf ausmacht und die Bindung zum Narzissten verstärkt[8]. Zu Anfang der Beziehung idealisiert der Narzisst das Opfer, da er sich selbst davon überzeugen muss, dass seine Wahl von narzisstischer Zufuhr *diesmal* perfekt und ausreichend ist. Er kreierte somit eine Illusion für sich selbst und machte dich für ihn auch *zu perfekt, um wahr zu sein*. Dies bestätigt ihn gleichzeitig darin, seine derzeitige oder vorherige Partnerin abzuwerfen, da er nun glaubt, mit jemand anderem glücklicher sein zu können. Für ihn warst du makellos und voll von unerschöpflicher narzisstischer Zufuhr in Sachen Aufmerksamkeit, Sex, Geld, deinem natürlichen Auftreten, sozialen und beruflichen Verbindungen und deinem Status oder was auch immer er sonst zu seinem Vorteil von dir herausziehen wollte. Leider kann niemand dem Narzissten über kurz oder lang gerecht werden. Wir sind alle nur Menschen und *niemand ist perfekt*, weshalb jeder Partner dasselbe Schicksal widerfahren wird, wie wir es auch erlebten.

In Phase 1 wird das Opfer süchtig nach der falschen Liebe des Narzissten. Diese Sucht lässt das Opfer in dem Versuch verharren, dieses nostalgische Gefühl der guten alten Tage wieder aufleben zu lassen, an die selbst der Narzisst sie immer wieder erinnert; er spielt mit ihrer Hoffnung auf Besserung in Phasen der Re-Idealisierung, während er ihr weiterhin Brotkrumen in Form von Aufmerksamkeit, Hingabe und gespielter Liebe aus Mittel zum Zweck hinwirft. Mit-

---

[8] Siehe Kapitel **Traumatische Bindung und kognitive Dissonanz**.

tels Re-Idealisierung kann der Narzisst seine Angst, verlassen zu werden, entgehen; aber schon bald verhungert seine Partnerin an den Brotkrumen und verliert die Geduld.

Es ist üblich, dass der Narzisst von Anfang an subtile Warnungen an das Opfer weitergibt, welche auf seine Makel und sein zukünftiges Verhalten hindeuten. Dieses versehentliche Durchsickern seiner wahren Persönlichkeit ist wie ein kurzer Kontrollverlust, da der Narzisst all seine Energie dafür benötigt, die Katze nicht aus dem Sack zu lassen, während er sein Opfer nicht nur *ver*führt, sondern an der Nase *herum*führt. Das Love-Bombing ist ein anstrengendes Theaterspiel, weshalb der Narzisst eine gute Zufuhr-Quelle, d. h. eine Partnerin, die ihm alles bietet, lieber länger behält. Subtile Warnungen könnten z. B. sein *„Wir sollten nicht zusammen sein"* oder *„Ich bin nicht gut genug für dich"* oder *„Du bist zu gut für mich."* Er mag dir von seiner dunklen Seite erzählt haben, doch wegen seines sonst außergewöhnlich guten Verhaltens und seiner vorangegangen Mitleidstour, in der er sich selbst als Opfer darstellte, hast du ihm vielleicht nicht glauben können. So erklärten wir uns seine Offenbarungen lediglich als ein Resultat seines niedrigen Selbstwertgefühls oder gar seines Selbsthasses, welche wir mit all unserer Liebe versuchten zu reparieren. Es muss schockierend für dich gewesen sein, als du anfingst, eins und eins zusammenzuzählen und merktest, dass seine Warnungen jedoch bitterer Ernst waren.

Das Set-up für Phase 2:
Durchbrechen von Grenzen und Grooming

Narzissten sind dafür bekannt, Grenzen zu ignorieren und zu durchbrechen, daher suchen sie sich gezielt Opfer aus, denen es an Grenzen mangelt. Durch das sogenannte *Grooming* während der Idealisierungsphase, gewinnt der Narzisst an Vertrauen und testet die Grenzen aus, um herauszufinden, in wie weit das Opfer bereit ist, bei ihm zu bleiben, ob sie in der Lage ist, seine Bedürfnisse zu befriedigen und in wie weit sie gewillt ist, den Missbrauch zu entschuldigen, durch den er sie führen wird. Später werden diese oder neue Grenzen zur Herausforderung, den Missbrauch sowie seine Macht und Kontrolle zu verstärken und mittels *Grooming* sein Opfer weiter so zu formen und zu *konditionieren*, bis sie sich ihm gefügig gemacht hat und seinen Vorstellungen entspricht.

Um dein Vertrauen zu gewinnen, muss der Narzisst sich erst vertrauenswürdig machen. Sobald du mit einem Narzissten kommunizierst, tauchst du in seine *falsche Realität* ein. In dieser Realität sind die Wahrnehmung seines Selbst und seiner Umwelt verzerrt. Der Narzisst hat seine eigene Welt und Wahrheiten erschaffen und jeder muss nach seinen Regeln spielen, um sein Imperium aufrecht zu erhalten. Leider kommt der Narzisst nicht mit einer Spielanleitung daher, um dieses permanent wechselhafte Spiel zu verstehen. Solltest du dieses bis zum bitteren Ende spielen wollen, so kannst du also nur verlieren.

Der Narzisst lügt über sich selbst und verbreitet Lügen über andere Leute von Anfang an. Halbwahrheiten und durchdachtes Weglassen von Informationen lassen ihn nicht nur glaubwürdig erscheinen, sondern verringern auch die Gefahr, dass er zum Opfer seiner eigenen Widersprüche wird.

Jede Interaktion mit einem Narzissten dient nur zu seiner eigenen Bereicherung; daher ist eine Beziehung mit ihm eher als eine *Transaktion* anzusehen. Informationen, die er von seinem Opfer in einem Moment vorgespielten Vertrauens und Intimität erfährt, wird er früher oder später gegen sie verwenden. Als du anfingst, dem Narzissten dein Vertrauen zu schenken, offenbartest du ihm gleichzeitig deine tiefsten Geheimnisse und Gefühle. Wenn du eine schwere Vergangenheit hattest, mag er dir Sympathie vorgeheuchelt und dir vielleicht im Gegenzug von einer ähnlichen Erfahrung erzählt haben, jedoch stellt er sich in seinen Geschichten immer als das Opfer dar. Er mag dir von einem riesigen Fehltritt in seinem Leben erzählt haben, hatte allerdings eine passende Erklärung für alles. Unter Krokodilstränen hat er dir vielleicht gebeichtet, dass er seine vorherige Partnerin mit einer anderen Frau betrogen hatte, es aber nun aus tiefstem Herzen bereue. In diesem Moment hat er dich nicht nur konditioniert, seine Lügen jetzt und in der Zukunft zu glauben, sondern gleichzeitig deine Toleranzgrenze ein wenig zurückgeschraubt. Sollte er einen Teil der Schuld auf seine Ex-Partnerin abgewälzt haben, so hat er dir indirekt vermittelt, dich anders als sie zu verhalten und ihm somit im weiteren Verlauf eurer Beziehung, eine Freikarte für seine Untaten zu geben. Vielleicht hast du ihm anschließend für seine Ehrlichkeit gedankt und dich darauf verlassen, dass er den gleichen Fehler nicht ein weiteres Mal begehen wird. Leider ist oft aber genau das Gegenteil der Fall. Wie bereits erwähnt, verraten sich Narzissten meistens sehr früh durch solch subtile Warnsignale und Äußerungen.

Narzissten tendieren dazu, mit Vollgeschwindigkeit in eine neue Beziehung zu rasen. Dem Narzissten scheint die Zeit abzulaufen, besonders dann, wenn er verzweifelt nach Zufuhr sucht und aufgrund des enormen Energieaufwands, den es benötigt, um seine *Gutmenschen-Maske* aufrecht zu erhalten. Dies gibt dem Opfer nicht die nötige Zeit, die Situation einzuschätzen. Den Narzissten um mehr Bedenkzeit zu bitten, wird sehr oft Enttäuschung entgegengebracht mit dem Ziel, dadurch im Opfer Schuldgefühle zu erzeugen und weitere Grenzen zu durchbrechen; er mag gar schnell zu einem anderen, einfacheren Opfer weiterziehen. Denke daran, dass sich Vertrauen mit Zeit und Taten aufbaut, die mehr aussagen als tausend Worte es jemals können, und wahre Intimität wächst mit jenem Vertrauen heran. Es kann Monate, wenn nicht gar Jahre dauern, bis man jemanden richtig kennt.

Im Laufe der Beziehung ist dir vielleicht so einiges an merkwürdigem Verhalten an ihm aufgefallen, das du nicht länger tolerieren wolltest. Je mehr Grenzen das Opfer für sich selbst und den Narzissten errichtet, desto stärker werden seine Bemühungen, diese zu durchbrechen. Sollten zum Beispiel verbale Angriffe ihre Wirkung verloren haben, so mag er die Schrauben zu körperlichen Misshandlungen anziehen, um seine Bedürfnisse weiter zu befriedigen und seine egoistischen Ziele zu verfolgen. Oftmals reicht es aus, seine Wünsche, Bedürfnisse und Erwartungen wie ein stures Kind immer und immer wieder zu äußern, bis das Opfer erschöpft nachgibt. Ebenso mag er seine Ziele erreichen, indem er ihr seine Aufmerksamkeit komplett entzieht und ins Schweigen bzw. ins sogenannte *Silent Treatment* verfällt[9].

Einige Narzissten verschleiern das Überschreiten von Grenzen auf ganz spielerische Art: zum Beispiel der Satz *„Ich habe doch nur Spaß gemacht,"* nachdem er dich *dumm* nannte, kann später zu üblen Beschimpfungen führen. Das spielerische Blockieren deiner Bewegungen, Festhalten oder Schubsen, was zunächst noch toleriert oder gar erwidert wird, kann eine Vorstufe für den körperlichen Missbrauch sein. Wie weit und wie stark kann er dich jetzt schubsen? Lässt du dich festhalten und dir möglicherweise die Arme auf den Rücken drehen, sodass du dich nicht wehren kannst? Wirst du mitspielen? Es liegt in deiner Verantwortung, solch ein Verhalten zu unterbinden, auch wenn es im ersten Mo-

---

[9] Siehe Kapitel **Narzisstische Wut und Silent Treatment**.

ment harmlos erscheint. Der nächste Schubs könnte der letzte sein.

Um deine Gutmütigkeit und finanziellen Grenzen zu testen, hat der Narzisst dich vielleicht hier und da um einen kleinen Gefallen gebeten. — *„Kannst du mir bitte dieses oder jenes vom Supermarkt mitbringen? Ich werde es dir zurückzahlen"* oder *„Kannst du mir bitte meinen Scheck vom Büro mitbringen?"* sind häufige Strategien, um ein finanzielles Vertrauen aufzubauen und das Opfer dahin zu manövrieren, die volle finanzielle Verantwortung zu übernehmen. Wenn der Narzisst ihr sein Geld anvertraut, warum sollte sie es dann nicht genauso tun? Anfänglich mag der Narzisst noch seinen Rückzahlungen nachkommen, doch schon bald wird das Opfer für seinen Unterhalt aufkommen oder einen Vertrag unterschreiben, der sie hochverschuldet zurücklässt, wenn der Narzisst schon lange fort ist. Manche Narzissten führen ihre Opfer bewusst in eine Schuldenfalle, um sie an sich zu binden, während sie sich vergebens bemühen, die Schulden bei ihm einzutreiben.

Im Kapitel **Arten des Missbrauchs** findest du Beschreibungen verschiedenster Missbrauchsarten, die der Narzisst während und im Anschluss der Beziehung anwendet.

Aufgaben:

1) Erstelle eine Liste mit all deinen Grenzen.

2) Welche davon ist deine stärkste und welche deine schwächste Grenze?

3) Welche Grenzen konnte der Narzisst durchbrechen?

4) Wie hat er es geschafft, deine Grenzen zu durchbrechen?

5) Wovor hattest du dich gefürchtet, wenn du „Nein" sagen wolltest?

Phase 2:
Der Teufelskreis der Abwertung

„Wenn du mit dem Teufel tanzt, ändert sich der Teufel nicht. Der Teufel ändert dich." — Unbekannt

In Phase 1 hat dich der Narzisst während der Idealisierung in seine Fantasiewelt eingeladen, in der alles perfekt erschien — gar zu gut, um wahr zu sein. Wenn sich das anfängliche Frisch-verliebt-Gefühl so langsam legt, und du dich fragst, wohin die Reise eurer Beziehung führen wird, so ergibt einiges plötzlich keinen Sinn mehr und so manche Widersprüche bringen dich zum Grübeln über die wahren Absichten des Narzissten.

Wenn du beginnst, eine tiefgreifende Verbindung und Intimität zu entwickeln und deine eigenen Anforderungen, Erwartungen, Bedürfnisse und Wünsche zum Ausdruck bringst, so wird dem Narzissten schnell klar, dass seine neueste Errungenschaft, seine neue *Primärzufuhr*, auch nur ein Mensch mit Makeln und eigenen Bedürfnissen ist, denen er sich widmen muss. Seine Illusion zerbröckelt, da du anfängst, die Regeln seines Spiels zu ändern. An diesem Punkt gelangst du in *Phase 2* des narzisstischen Missbrauchs, auch besser bekannt als die *Abwertung*.

Der Eintritt in Phase 2 ist keinesfalls schleichend. Es kommt einem so vor, als ob der Narzisst im Bruchteil einer Sekunde das Licht ausgeknipst und du nicht in der Lage bist, den Weg aus der Dunkelheit zu finden.

Um was geht es bei der Abwertung? Macht. Kontrolle. Zufuhr. Konkurrenzkampf. Bestrafung. Nur ein paar Worte, um jene Grausamkeit zusammenzufassen. Narzissten handeln aus einem Gefühl der Unsicherheit, des Ungenügens und der Angst, verlassen zu werden heraus; sie missbrauchen, um Macht und Kontrolle über jemanden auszuüben, der sie heil und vollkommen fühlen lassen soll.

In Phase 1 hat der Narzisst es geschafft, dass du ihm vertraust und dich in ihn verliebst, und dabei hast du ihm ausreichend Signale gegeben, dass du dich der Beziehung mit ihm verpflichtet hast. Ich kann mich noch ganz genau an den Tag erinnern, als meine *Abwertung* offiziell begann. Ein Datum, das auch du sicherlich nicht vergessen wirst. Es war der 1. Oktober nach gerade einmal zwei Monaten Beziehung. Meine Schwester, die ebenfalls mit einem Narzissten in einer mehrjährigen Beziehung gewesen war, hatte mich den Monat zuvor aus Übersee besucht; es hatte Funkstille zwischen uns geherrscht, nachdem auch sie mich bzgl. meines Partners gewarnt hatte. Mein Wecker klingelte um 6:55 Uhr morgens und ich wachte neben ihm in meinem Apartment auf. Ich fühlte mich ein wenig nervös an jenem Morgen, da ich zum ersten Mal die Antibabypille einnehmen würde, zu der er mich in den Wochen zuvor gedrängt hatte. Ich kannte die schrecklichen Nebenwirkungen und hatte Angst, dass mich die Pille negativ verändern könnte; am wenigsten erwartete ich jedoch, dass die Pille *ihn* ändern würde. An diesem Morgen fühlte ich mich noch sicher neben ihm an meiner Seite. Nachdem er bei sich zu Hause angekommen war, schrieb er mir eine sentimentale Textnachricht, dass sich seine Wohnung so einsam und leer ohne mich anfühle. Ich fühlte mich geliebt und beschloss, den Rest des Tages bei ihm zu verbringen, im Unklaren darüber, dass er mich direkt in die Höhle des Löwen lockte. Als sich seine Haustür hinter mir schloss, merkte ich sofort, dass etwas nicht stimmte und anders war. Mit der Einnahme der ersten Pille signalisierte ich meine Hingabe zu ihm und unserer Beziehung. Am Morgen des 1. Oktobers wusste er endlich, dass er mich genau da hatte, wo er mich haben wollte: isoliert von meiner Familie, ihm verpflichtet und nun auch zu jeder Zeit sexuell verfügbar.

Im Verlauf von Phase 2 hast du festgestellt, dass die Person, die du zu Anfang kennenlerntest, nur eine pure Illusion war. Wenn du dann noch fähig bist, hinter die Maskerade des Narzissten zu blicken und ihn darauf anzusprechen, wirst du umgehend für deine Neugier bestraft. Für was auch immer dich der Narzisst anfänglich bewunderte, wird nun gegen dich verwendet. Plötzlich bis du dumm und arrogant, weil ihm deine Intelligenz im Weg steht, welche dir hilft, eins und eins zusammenzuziehen und den Narzissten zu entlarven. Deine Kritik über sein schlechtes Verhalten dir gegenüber und dein Verlangen nach Besserung, führen seinem empfindlichen Ego eine *narzisstische Kränkung* zu. Aufgrund von sogenanntem *Splitting* sieht dich der Narzisst von nun an in *schwarz oder weiß* und verkapselt dich in einem Teufelskreis, in dem er die Idealisierung und Abwertung von dir im Wechsel durchführt.

Die Abwertung ist ein kontraintuitives Vorgehen. Für Außenstehende erscheint es absolut unlogisch, dass jemand eine andere Person missbrauchen kann und dabei nicht erwartet, dass diese ihn verlässt. Und in den meisten Fällen geschieht nämlich genau dies leider nicht. Narzissten missbrauchen unter falscher Vorgabe von Liebe, weshalb wir nicht ausmachen konnten, was uns verrückt, unsicher und verloren fühlen ließ. Der Narzisst behauptet immer zu, dass du dich verändert hast und übernimmt somit keinerlei Verantwortung für seine negativen Taten, die deine Veränderung überhaupt erst herbeigeführt haben. Während er die volle Kontrolle über das Chaos um dich herum hat, macht er dich für alles verantwortlich und fordert, dass du wieder zu der Person wirst, die du einst warst, doch du weißt nicht wie. Seine Anschuldigungen, dass du ihn nicht mehr genug lieben und dich nicht genug um ihn kümmern würdest, führen dich an den Punkt mentaler, emotionaler und körperlicher Erschöpfung. Eure gegenseitige Bedürftigkeit hält euch beide in diesem *Teufelskreis* des Missbrauchs gefangen — ein fortwährendes Hin-und-Her von Streit oder gar Trennung und

Versöhnung, bis du dich endlich selbst daraus befreist oder schlichtweg ersetzt wirst.

Narzissten suchen ständig nach neuer Beute für ihren Plan B. Verdeckte Narzissten sind dazu geneigt, mit ihren Opfern so lange auszuharren, bis diese vollkommen ausgelaugt sind, da die Suche und Sicherung einer neuen Primärzufuhr zu anstrengend für sie sind. In der Zwischenzeit binden sich die Opfer an das Trauma[10], das ihnen widerfährt, und bleiben bei ihren Tätern. Du magst sein Ziel geworden sein, weil du bereits in deiner Kindheit dazu konditionierst wurdest, in einer toxischen Umgebung zu überleben; das Gefühl, misshandelt zu werden, fühlte sich irgendwie vertraut an und der Narzisst nutzte deine Erfahrungen und Mangel an Grenzen zu seinem Vorteil aus, um das Trauma deiner Kindheit, das du schon längst überwunden glaubtest, wieder hochzubringen und nachzuspielen (Reenactment).

Narzisstischer Missbrauch passiert meistens hinter verschlossener Tür, weshalb es für den Narzissten lebensnotwendig ist, seine Fassade aufrechtzuerhalten und es dem Opfer schwer macht, die passende Unterstützung von außen zu finden. Für die bereits erwähnten Außenstehenden ist es einfach unfassbar, wie jemand unter solchen Bedingungen leben oder gar zu einem Missbraucher zurückkehren will. Daher werden die Opfer oftmals ungerechtfertigt beschämt und für ihre eigene Misere beschuldigt. Leider muss man

---

[10] Siehe Kapitel *Traumatische Bindung und kognitive Dissonanz*.

narzisstischen Missbrauch selbst erlebt haben, um dessen volles Ausmaß zu verstehen. Narzisstischer Missbrauch ist daher als schleichend, unterschwellig und gar lebensgefährlich zu betrachten, da das Opfer bei Eintritt in Phase 2 in den meisten Fällen bereits so weit isoliert wurde, dass sie ein wertvolles soziales Unterstützungssystem verloren hat.

Das Opfer wird darauf konditioniert, in einem ständigen Angst-, Stress- und Wachsamkeitszustand zu leben, und das äußerlich ruhige und souveräne Auftreten des Narzissten macht es ihm ein Leichtes, das Opfer als die verrückte und misshandelnde Person in ihrer Beziehung hinzustellen — eine Diffamierung, die er nach dem Zerfall der Beziehung weiter bewirbt in Form einer *Schmierkampagne*[11]. Nicht selten führt narzisstischer Missbrauch zum Suizid, da die Opfer keinen anderen Ausweg aus diesem Teufelskreis sehen.

Arten des Missbrauchs

Emotionaler und psychologischer Missbrauch

Emotionaler und psychologischer Missbrauch entstehen durch die Provokation und Herabsetzung von Emotionen und Gefühlen sowie verschiedene Manipulationstaktiken, um jede Verantwortung auf das Opfer abzuwälzen und ihr Selbstbewusstsein zu verletzen.

---

[11] Siehe Kapitel **Schmierkampagne**.

Narzissten sind Tyrannen: *Zwanghaft kontrollieren* sie Emotionen und knipsen sie unerwartet wie mit einem Lichtschalter an und aus. Opfer beschreiben ihre Beziehungen daher auch des Öfteren als eine *emotionale Achterbahnfahrt*. Emotionen sind chemische Reaktionen in unseren Körpern; die ständige Berg- und Talfahrt laugt unsere Körper aus und führt zur physischen und psychischen Erschöpfung. Der Narzisst fühlt von alledem nichts aufgrund seiner Fähigkeit zu *kompartimentalisieren*[12] und die Schuld auf andere abzuwälzen. Schlussendlich wird das Leben des Opfers zum Spießrutenlauf und Eierschalen-Tanz. Um den Narzissten nicht zu verärgern, muss das Opfer ihre Gefühle und Emotionen ständig unterdrücken; dabei geht ein Teil ihrer eigenen Identität verloren, worüber sich ein Mensch definiert und was ihn im Kern ausmacht.

Ignoriert oder in dem Glauben gehalten zu werden, dass du weniger wert bist als andere, manipuliert dich in einen Zustand der Angst, Verzweiflung und Verwirrung, und führt nicht selten auch zum Selbsthass oder gar zum Suizid. Opfer emotionalen und psychologischen Missbrauchs betreten in den meisten Fällen den Zustand der *Dissoziation* bzw. *Abspaltung*[13], eine Art Abwehrmechanismus, um von allem nichts mehr mitzubekommen; ihr Leben läuft praktisch auf *Autopilot* durch den *Brain Fog (dt. Gehirnnebel)*, der sie umgibt.

---

[12] Siehe Kapitel **Kompartimentierung**.

[13] Siehe Kapitel **Überlebensmodus: Angriff. Flucht. Erstarrung. Dissoziation.**

Verbaler Missbrauch

Ich kann es nicht oft genug betonen, genau hinzuhören, was ein potenzieller Narzisst am Anfang über sich verrät, da er sich oft früh durch seine Aussagen zu erkennen gibt.[14] Verbaler Missbrauch kann verschiedene Formen annehmen. Oftmals bleibt er unbemerkt in Form von *unterschwelligen, herabsetzenden Bemerkungen* (auch bekannt als *Mikroaggressionen*), *Sarkasmus*, oder schlichtweg als *Witz* verpackt, wenn ein *„Ich hab doch nur Spaß gemacht"* folgt. Narzissten sind einfach keine Spaßvögel, daher sei dir immer dessen bewusst, dass in jedem Witz ein Körnchen Wahrheit steckt. Mit der Zeit steigert sich der verbale Missbrauch zu impulsiven und aggressiven Anfällen. Offensichtlichere Anzeichen sind unter anderem: *Anschreien*, das Benutzen von *Schimpfwörtern*, diverse *Anschuldigungen* und *Beleidigungen* sowie *Drohungen* und *Kritik* ausüben ohne jeglichen Grund.

Im Buch *The Verbally Abusive Relationship*[15] erklärt Autorin Patricia Evans, dass der Missbrauchende und sein Opfer in zwei verschiedenen Realitäten leben. Liebevolle und fürsorgliche Ratschläge oder allgemeine Worte des Opfers werden vom Narzissten missinterpretiert und als persönlicher Angriff wahrgenommen, und führen so zu Auseinandersetzungen. Bittet man bspw. einen arbeitslosen Narzissten,

---

[14] Siehe Kapitel *Was sie sagen und was sie damit meinen.*

[15] Patricia Evans: *The Verbally Abusive Relationship, 3rd Edition* (Adams Media, 2010)

sich einen Job zu suchen, damit er zum Unterhalt der Familie beisteuern kann, so versteht er daraus: *„Du bist faul und wertlos.“*

Verbaler Missbrauch ist meistens die Vorstufe zu körperlichem Missbrauch, da dieser mit der Zeit seine emotionale Auswirkung verliert.

Körperlicher Missbrauch

Genau wie der verbale Missbrauch, kommt der körperliche Missbrauch auf verschiedene Arten und Weisen vor und beginnt oft genauso unbemerkt. Mit einer gewissen unschuldigen Verspieltheit sind es am Anfang noch kleine Schubser, Klapse oder Bewegungseinschränkungen (bspw. in Form von Festhalten oder dergleichen), um deine physischen Grenzen auszutesten.

Ich kann mich noch gut daran erinnern: Als wir uns einem Wald-Spielplatz näherten, sorgte mein Partner dafür, dass ich vor ihm herlief, als wir ein Gefälle erreichten. Etwa in der Mitte des Gefälles schubste er mich plötzlich und unerwartet von hinten, sodass ich ein paar schnelle Schritte nach vorne machen musste, um meinen bevorstehenden Sturz abzufangen. Das fiese Grinsen in seinem Gesicht an jenem oder jeden anderen Tag werde ich nie vergessen, als er mir zum Beispiel sagte, ich solle stillhalten und mich nicht bewegen, wenn er mich packte und mir wehtat bei meinem vergeblichen Versuch, mich von seinem festen Griff zu befreien. Er sagte, es sei *„doch nur Kuscheln"* und somit zwang er mich praktisch, mich ihm einfach zu ergeben.

An diesem Punkt ist es wichtig, die frühen Warnsignale zu einem Potenzial an körperlicher Gewalt zu erkennen. Dies beinhaltet einschließlich die Anzahl von verbalem Missbrauch sowie impulsivem Verhalten gegenüber Tieren oder unbeweglichen Gegenständen; darunter fallen das Treten gegen Möbelstücke, lautes Türknallen, Zerschlagen von Geschirr oder auch nur mit der Faust auf den Tisch hauen. Körperlicher Missbrauch verursacht nicht nur psychologische und physische Traumata, sondern führt oft auch zu lebensbedrohlichen Situationen. Es bezieht das *Blockieren von Bewegungen, Grabschen, Schubsen, Schlagen, Treten, Kratzen, Würgen, an den Haaren ziehen, Spucken, Beißen* oder das Benutzen von *Waffen* wie z. B. *Stöcke, Messer* oder *Pistolen* mit ein.

Viele Opfer aus gewalttätigen Beziehungen sagen sich selbst: *„Ich wurde nicht missbraucht, denn er hat mich nie geschlagen."* Dies ist ein Irrglaube, der unbedingt aufhören muss.

Sexueller Missbrauch

Narzissten kennen weder Grenzen noch wahre Intimität, daher ist Sex mit einem Narzissten weder exklusiv noch sicher. Eine Vielzahl von Narzissten ist *sexsüchtig* und beteiligt sich an *unsicheren* und oft *abstoßenden sexuellen Praktiken*, unter anderem *Gruppensex, wiederholtes Fremdge-*

hen, *geheime Sex-Partner, unsittliches Angrabschen, Vergewaltigung* oder sogar *Pädophilie.*

Narzissten sind dazu geneigt, sexuelle Grenzen zu durchbrechen, um Dienste von dir zu bekommen, die du im Nachhinein als respektlos, widerwärtig, unmenschlich und gar gefährlich betrachten wirst. Einige Survivors haben berichtet, dass sie sich nach ihrer Beziehung wie *vergewaltigt* fühlten, obwohl alles damals im gemeinsamen Einverständnis ausgeführt wurde; ihnen wurde lediglich klar, dass sie dazu manipuliert wurden, bestimmte sexuelle Praktiken auszuführen, um ihren Partner zu befriedigen. Im Nachhinein taten sie sich unheimlich schwer, sich selbst dafür zu vergeben, dass sie ihre eigenen Grenzen überschritten hatten.

Manche Narzissten manipulieren Verhütungsmittel oder haben ungeschützten Geschlechtsverkehr, um ihre Opfer zu schwängern und sie so für immer an sich zu binden und kontrollieren zu können. Dieses Vergehen ist auch bekannt als *reproduktiver Missbrauch.*[16]

Finanzieller / Wirtschaftlicher Missbrauch

Geld ist eine Form von Macht und Kontrolle. Manche Narzissten machen ihre Opfer finanziell von ihnen abhängig, indem sie jemanden suchen, der eine geringere finanzielle Stabilität besitzt. Sie kontrollieren ihre Ausgaben und sind in der Position, ihren Opfern Gelder vorzuenthalten.

---

[16] Siehe Kapitel **Sex und Untreue.**

Während einige Narzissten reich, beruflich erfolgreich und ihre Partner finanziell von ihnen abhängig machen, tendiert der durchschnittliche Narzisst eher zu schlechten Finanzen. Er bevorzugt finanziell liquide Opfer mit der einzigen Absicht, sich an ihr Wohlhaben zu haften und ihre Vermögen auszuschöpfen; wie ein Blutegel beißt er sich an sein Opfer fest, um dieses wirtschaftlich auszusaugen. Aufgrund seines impulsiven Charakters, verschwendet er Geld und macht so einige Fehlinvestitionen; seine Partnerin springt dann für ihn ein, um für seine Rechnungen, Miete, Versicherungen, Reparaturen, Arztbesuche, Gerichtsverfahren, Lebensmittel, Kleider oder gar für den Unterhalt von Kindern aus anderen Beziehungen oder Ehen aufzukommen. Den Narzissten finanziell zu unterstützen, hindert ihn daran, erwachsen zu werden und eigene Verantwortung zu übernehmen wie zum Beispiel die Suche nach einem festen Arbeitsplatz.

Spiritueller / Religiöser Missbrauch

Der *kommunale* bzw. *gemeinschaftliche* Narzisst ist der ultimative Hochstapler, der Spiritualismus und Religion missbraucht, um andere zu manipulieren und auszubeuten. Religiöse Institutionen und Gemeinden sind beliebte Anlaufstellen für den kommunalen Narzissten; sich z. B. als den *guten Christen* mit hohen moralischen Werten auszugeben, stärkt nicht nur sein positives Image, sondern erlaubt ihm auch Zugang zu einer Reihe empathischer Zielobjekte. Bei einem Narzissten verliert der Spruch *„Liebe deinen Nächsten wie dich selbst"* jegliche Bedeutung oder kann genauso gut neu interpretiert werden als *„Hasse deinen Nächsten wie dich selbst."* Wenn überhaupt, so ist der Narzisst ein Atheist, der sich niemals einem Gott oder ähnlichem unterwerfen würde, was seiner grandiosen, gottesähnlichen Auffassung seiner selbst widerspricht. Manche Religionen weisen zudem bestimmten Individuen genaue Rollen zu wie z. B. die Unterwürfigkeit einer Frau zu ihrem Mann.

Identitätsdiebstahl

Aufgrund der ständigen Manipulation und der damit verbundenen Anpassung deines Verhaltens und deiner Gewohnheiten, um dem Narzissten gerecht zu werden, läufst du Gefahr, deine Identität in der Beziehung zu verlieren, welches langanhaltende Auswirkungen auf deinen Körper und deine Psyche hat.

Einige Survivors narzisstischen Missbrauchs gaben zu, dass sie den Bezug zu sich selbst in der Beziehung verloren hatten und am Ende nicht mehr wussten, wer sie eigentlich waren. Wie eine *leblose Hülle* wandern sie plötzlich durch das Leben und haben die innere Leere und Negativität des Narzissten angenommen mit dem sie praktisch eins wurden.

Mein Partner deutete damals auf jenes *Eins-Werden* bzw. jene *Verwicklung (engl. enmeshment)* hin, als er uns eine *„Einheit"* nannte. Als ich auf der Arbeit mal einen Kommentar fallen ließ bzgl. etwas, das sich gerade vor mir abspielte, drehte sich einer meiner Mitarbeiter zu mir um und fragte mich: *„Du bist eine sehr zynische Person, oder?"* In genau diesem Moment, gerade einmal nach drei Monaten in unserer Beziehung, wurde mir bewusst, dass ich mich in eine andere Person verwandelte.

Mit der Auflösung deiner Persönlichkeit, psychischen Gesundheit, Kreativität, deines Sinnes für Humor und beruflichen Ehrgeizes, riskierst du das Zerplatzen deiner Träume und Ziele — ironischerweise zum Ärgernis des Narzissten selbst — und entfremdest dir dadurch die wichtigsten Personen in deinem Leben.

Die folgende Tabelle dient als Beispiel dafür, wie sich die Identität eines Opfers mit der Zeit verändert:

Vor dem Narzissten	Mit oder nach dem Narzissten
positive Lebenseinstellung	negative Lebenseinstellung
sicher	unsicher
furchtlos	furchterfüllt, paranoid
selbstbewusst	geringes Selbstbewusstsein, eifersüchtig
zielstrebig	lethargisch
frohsinnig, lustiger Sinn für Humor	zynisch, sarkastisch
kreativ	Mangel an Kreativität und Vorstellungskraft

In der Vergangenheit hatte ich einige MBTI-Tests[17] durchgeführt, um meinen eigenen Persönlichkeitstypen zu bestimmen. Im Nachhinein bin ich kaum überrascht, wie viele Narzissten ich antraf, die behaupteten, ebenfalls INTJ zu sein. Wie hoch sind denn nun wirklich die Chancen, so oft wie ich, einem der seltensten Persönlichkeitstypen mit gerade einmal 2 % in unserer Weltbevölkerung zu begegnen? Narzissten sind wie Chamäleons, die perfekt deine Persönlichkeit annehmen und zurückspiegeln, allerdings nicht den Test der Zeit bestehen können. Wir müssen uns regelmäßig daran erinnern, dass ihre Persönlichkeit *gestört* ist und somit nicht klar definiert und festgelegt werden kann.

Der *kalkulierte Identitätsdiebstahl* ist eine weit verbreitete Methode unter Narzissten, in der sie deine Talente und Eigenschaften zu ihrem Vorteil imitieren, um deine Karriere und beruflichen wie auch privaten Beziehungen an sich zu reißen. Dabei hat er keinerlei Skrupel, die alleinige Anerkennung für seine Erfolge zu genießen, auch wenn du ihm zu diesen verholfen hast.

Der Narzisst muss das zerstören, wessen du dir sicher bist. Mein Partner fand einen Weg in mein Privatleben, indem er vorgab, ein Interesse an meinem Beruf und meiner Karriere zu haben. Während ich ihn in meinem Beruf anlernte, fand ich mich sehr bald mit verbalem Missbrauch konfrontiert. Er war der Meinung, alles besser zu wissen, ganz gleich, ob ihm dafür die nötige Erfahrung fehlte. Nicht nur,

---

[17] Myers-Briggs Type Indicator *www.myersbriggs.org*

dass er mich und meine Arbeitsumgebung durch den Zu-
sammenschluss mit meinen Kollegen kontrollieren konnte,
durch das rapide Zerstören meines Selbstbewusstseins, riskierte ich auch, meinen guten Ruf und meine Karriere in der
Industrie zu verlieren.

Eine weitere, offensichtlichere Form des Identitätsdieb-
stahls ist der kriminelle Missbrauch von persönlichen Informationen, um bspw. unter falschem Namen Kreditkarten zu
fälschen, Gegenstände zu kaufen oder Verträge abzuschließen.

Stalking

Getrieben von Neid und ihrer Sucht nach Macht und
Kontrolle, sind Narzissten dazu geneigt, eine Besessenheit
für ihre potenziellen, gegenwärtigen und vergangenen Opfer
zu entwickeln. Mittels Stalking kann der Narzisst eine direkte oder indirekte Kontrolle über dich ausüben.

Stalking kann in drei Stufen unterteilt werden: Stufe 1,
das harmlose Stalking wie z. B. jemanden im Internet aufsu-
chen, Stufe 2, das mittelschwere Stalking wie z. B. jemandem
Briefe schreiben oder ungewollte Geschenke machen, und
Stufe 3, das schwere Stalking wie z. B. das persönliche Verfolgen eines Opfers oder das Engagieren von Dritten, um das
Opfer heimlich zu beobachten. In den Narzissten hineinzu-
laufen oder plötzlich des Öfteren von ihm durch Dritte zu
hören, kann kein Zufall sein.

Nach einem Jahr des kompletten Kontaktabbruchs (im weiteren Verlauf auch *„No Contact"* genannt), fühlte ich mich eines Tages plötzlich nervös. In der Vergangenheit war jenes Gefühl immer dann in mir hochgekommen, wenn ich meinen Ex-Partner in der Nähe gespürt hatte oder mir anderweitig aufgefallen war, dass er mich tatsächlich beschattet hatte. Nur wenige Tage später fing er mich dann wirklich auf meinem Arbeitsplatz ab. Ich würde gerne an einen dummen Zufall glauben, warum er plötzlich dort erschien, jedoch war es ausgerechnet eine Woche nachdem er sich zum ersten Mal als Stalker auf meinem öffentlichen Social-Media-Profil bemerkbar gemacht hatte, um mir insgeheim mitzuteilen, dass er weiterhin mein Leben mitverfolgte und genau zu dem Zeitpunkt, als meine Karriere eine positive Wende nahm.

Bei Narzissten gibt es einfach keine Zufälle. Wenn du den Verdacht hast oder genau weißt, dass du gestalkt wirst, such dir unbedingt Hilfe und kontaktiere umgehend die Polizei oder Einrichtungen für Opferhilfe. Die Installation von Kameras oder das Sammeln von Beweisen und Vorkommnissen in einem Log- oder Tagebuch sind empfehlenswert.

Macht und Kontrolle

Jegliche Art von Missbrauch, narzisstisch oder nicht, dient dazu, Macht und Kontrolle über eine Einzelperson, eine Gruppe oder gar eine ganze Gesellschaft zu erlangen und auszuüben.

Der Narzisst *kontrolliert zwangsartig* unter Hinzunahme von Gewalt, Androhungen und Manipulation, um die Freiheit und Unabhängigkeit anderer zu rauben. Um es genauer zu sagen, werden grundlegende Menschenrechte angegriffen und verletzt, was diese Vorgehensweise zu einem Verbrechen macht.

Eine andere Person zu kontrollieren, liefert dem Narzissten die Illusion, dass er sein eigenes Leben unter Kontrolle hat, jedoch weisen seine wahren Lebensumstände genau das Gegenteil auf. Macht und Kontrolle über andere Personen auszuüben und Überlegenheit vorzutäuschen, sind lediglich eine Ablenkung von seinen eigenen Problemen, Schwächen und Unsicherheiten. Vor allem der verdeckte Narzisst muss die Kontrolle über seine Umwelt haben, um zu vermeiden, entlarvt zu werden; er tut alles, um dies zu erreichen, selbst wenn das bedeutet, dass er dafür seine Beziehungen gänzlich verstecken muss.

Die folgende Tabelle präsentiert eine Reihe von Beispielen, wie Narzissten ihre Opfer kontrollieren:

Wie isolieren, binden und kontrollieren Narzissten ihre Opfer?	
Zusammenziehen	Ehe, Kinder
Sex, Schwangerschaft, Manipulation von Verhütungsmitteln	Finanzielle Abhängigkeit, Arbeitslosigkeit
Überbeschützen, Entscheidungen für den Partner treffen wie z. B. wen sie sehen darf, wie sie sich anzieht, schminkt oder ihre Haare trägt	Isolation, Einfangen bspw. in Autos oder Aufzügen, oder gänzlich in Gefangenschaft nehmen
Verbale oder körperliche Drohungen und Schäden, Manipulation	Schmierkampagnen, Gerüchte, das Opfer mit einem degradierenden Etikett versehen
Stalking, Spionage, Hacking, Spyware, Verfolgen von Aufenthalten	Ständige Inanspruchnahme z. B. den ganzen Tag Textnachrichten schreiben
Social Media	Triangulation
Diebstahl, Vorenthaltungen	Lebensmittel
Sucht	Glaube, Religion, Spiritualismus

Nach einiger Zeit fühlt sich das Opfer wie eine Marionette, dessen Fäden der Narzisst fest in seiner Hand hält und nach Belieben ziehen kann. Die Ironie der ganzen Sache dabei ist, dass er durch sein impulsives und rücksichtsloses Verhalten am Ende nur die Kontrolle über dich und sich selbst verliert.

Anfangs mag der Narzisst dich durch seine *ständige Inanspruchnahme* isoliert haben. Er wollte mit dir so viel

Zeit wie möglich verbringen oder nutzte jede Möglichkeit, um mit dir im ständigen Kontakt zu bleiben.

Als ich am Anfang unserer Beziehung mit einer schweren Grippe im Bett lag, bat ich meinen Partner, zu Hause zu bleiben, damit er seine Kinder, die aus Übersee für ein paar Wochen zu Besuch da waren, nicht infizieren würde. Allerdings reagierte er auf mein rücksichtsvolles und logisches Anliegen mit Wut und unlogischen Anschuldigungen: Ich würde ihn ablehnen, da ich nicht wollte, dass er sich um mich kümmert und würde somit kostbare Momente verschwenden, die wir zusammen hätten verbringen können. Die Tatsache, dass wir alle Zeit der Welt haben würden, wenn ich wieder gesund bin und seine Kinder abgereist sind, die ihre Zeit mit ihrem Vater einmal im Jahr mehr als verdienten, kam ihm gar nicht in den Sinn. Durch seine ständige Texterei, litt ich nach unserer Trennung an Entzugserscheinungen. Ich kann nicht genau sagen, wie oft ich in den folgenden Wochen nach unserer Trennung mein Handy aus der Tasche zog, um nachzusehen, ob irgendwelche Nachrichten von ihm eingegangen waren, dabei hatte ich ihn schon längst blockiert.

Der Narzisst kreiert ein falsches romantisches Gefühl von *„Wir gegen den Rest der Welt,"* indem er dich von deiner Gemeinde, deinen Freundeskreis und deinen Familienmitgliedern isoliert und dich dadurch weiter emotional von ihm abhängig macht. Das allererste, was mein Partner mir angeboten hatte, war, mein Notfallkontakt in allen beruflichen und privaten Angelegenheiten zu werden, um so die Verantwortung meiner Familie zu entziehen, noch *bevor* wir offiziell eine Beziehung eingegangen waren.

Je stärker du bist, desto stärker und überlegener wird sich der Narzisst fühlen, wenn er dich mürbe macht. Je unabhängiger du bist, desto mehr wirst du von der Bestätigung des Narzissten abhängig sein.

Zwei Tage vor meiner Trennung von ihm, stellte mein Partner die lächerliche Behauptung auf, dass er durchaus allein leben könne, ich jedoch nicht ohne ihn. Ich hielt kurz inne und wusste ganz genau, dass ich, anders als er, zu keinem Zeitpunkt jemals von irgendjemanden abhängig war — ganz im Gegenteil sogar! Meine recht erfolgreiche Karriere sowie meine finanzielle Unabhängigkeit, die ich mir innerhalb kürzester Zeit allein in einem fremden Land aufgebaut hatte, sprachen für sich.

Wie ein Kleinkind, kann der Narzisst nicht allein leben, noch sich selbst versorgen, weshalb die Zwangskontrolle sein wichtigstes Instrument ist, um sich seine Zufuhr zu sichern. Während seine größte Angst die Einsamkeit ist, ist es offensichtlich ziemlich dumm, zu glauben, dass der Missbrauch ihn am Ende nicht allein dastehen lässt.

Durch *intermittierende* bzw. *unregelmäßige Verstärkung (engl. intermittent reinforcement)* schließt sich der Missbrauch dabei zu einem Kreislauf. Er bindet seine Partnerin in einem manipulativen *Zuckerbrot-und-Peitsche-Spiel*, indem er abwechselnd gut und böse spielt, dabei sich sogar entschuldigen und Reue vortäuschen mag. Das Opfer wird mit einer Phase der Ruhe und Harmonie belohnt, wenn sie seinen Erwartungen entsprechend *funktioniert*. Auf diese Weise lässt er nicht nur Hoffnung auf Besserung in ihr aufkeimen, was sie bei ihm bleiben lässt, sondern konditioniert sie auch dazu, seine Bedürfnisse in Zukunft zu befriedigen, um Konflikte zu vermeiden.

Bei einem Narzissten gibt es aber weder eine Besserung, noch kannst du ihm in seinem Spiel besiegen, es sei denn du verlässt ihn und drehst dich nie wieder nach ihm um. Sein Mangel an Grenzen und seine Ignoranz gegenüber deinen, wird den Missbrauch lediglich verstärken, solltest du versuchen, die Macht und Kontrolle über dein eigenes Leben innerhalb der Beziehung zurückzugewinnen. Die größte Lehre, die wir daraus ziehen können, ist die, dass wir uns nur selbst kontrollieren und ändern können und niemals jemand anderen.

Angst-, Pflicht- und Schuldgefühl

Emotionale Erpressungen mit Aussagen wie *„Wenn du X nicht tust, dann wird Y passieren"* dienen dazu, dem Opfer Angst-, Pflicht- und Schuldgefühle, auch bekannt unter der Abkürzung *FOG (engl. Fear, Obligation, Guilt)*, einzuflößen. Der Begriff *FOG* stammt von Susan Forward aus ihrem Buch *Emotionale Erpressung: Wenn andere mit Gefühlen dro-*

hen[18]. Solch emotionale Erpressungen lassen dich *schuldig* fühlen und über die Konsequenzen deines Verhaltens nachdenken; folglich *verpflichtest* du dich dazu, dein Verhalten den Vorstellungen des Narzissten anzupassen, um *Ängste* über weitere Konsequenzen zukünftig zu vermeiden.

Indem er dir Angst einflößt, bestraft zu werden oder die Beziehung ganz und gar zu verlieren, kann dich der Narzisst mit jedem neuen Missbrauchskreis nach seinem Belieben formen und konditionieren. Nach einer Zeit, hast du dadurch gelernt, dass du mit Strafen rechnen musst und begibst dich somit automatisch auf ein niedrigeres Niveau, indem du deine persönlichen Grenzen, Normen und Erwartungen nach jedem neuen Zyklus herunterschraubst. Der Narzisst drängt dich sozusagen in seine Gussform und du verlierst dadurch nicht nur einen Teil deiner Identität, sondern auch dein gesundes Urteilsvermögen sowie deine Entscheidungsfindung und Autonomie, um deine eigene Meinung zu äußern. Deine Schuldgefühle lassen dich für das Wohlergehen des Narzissten aufopfern, ohne dabei auch nur einmal an dich und deine eigene Gesundheit und Sicherheit zu denken. Letzten Endes bist du die einzige, die versucht, die Beziehung zu retten und am laufen zu halten, da du die Fehler nur bei dir suchst und es dir auch so eingeredet wird. Ein unangenehmes Gefühl, sich um den Narzissten herum wie auf *Eierschalen zu bewegen*, wird mit jedem neuen Missbrauchskreis verstärkt.

---

[18] Dr. Susan Forward: *Emotionale Erpressung: Wenn andere mit Gefühlen drohen, 11. Auflage* (Goldmann Verlag, 2000)

Interaktive Gespräche, wie ich sie mit jeder anderen Person führen konnte (selbst mit ihm anfangs), waren mit meinem Partner einfach unmöglich geworden, als die Abwertung offiziell begann. Ich kann mich noch sehr gut an dessen Anfang erinnern. Es war ein wunderschönes sonniges Wochenende. Wir saßen in einem Restaurant und sprachen wie gewöhnlich über unsere Arbeit und Pläne, doch als er redete, bestand meine einzige Rolle urplötzlich nur noch darin, ihm zuzuhören. Als ich dem Gespräch etwas beisteuern wollte, weil ich es nicht als einen Monolog ausmachte, ließ er unverzüglich seine Gabel fallen und starrte mich an, ohne dabei mit einem einzigen Muskel zu zucken oder ein weiteres Wort zu sagen. Ich entschuldigte mich sofort dafür, ihn unterbrochen zu haben, aber er beendete das Thema damit komplett. Dieses Muster wiederholte sich bis zu dem Punkt, dass er abrupt vor mir weglief, wenn ich auch nur versuchte, ein Wort unserem Gespräch (bzw. seinem Monolog) beizutragen. Und somit ließ er mich verdutzt stehen und ich fragte mich, was ich falsch gemacht hatte. Er beschuldigte mich, dass ich ihm nie zuhören würde. Die Schuldgefühle, die es in mir aufwühlte, und die Angst, jemals wieder ein Gespräch mit ihm führen zu müssen, erweckte eine alte Sprachstörung in mir, an die ich mich aus frühester Kindheit erinnerte, als ich in der Schule noch gemobbt wurde. Als ich anfing, mein Verhalten ihm anzupassen, jedes Wort in meinem Kopf gut fünfmal probte und nie wieder versuchte, ein interaktives Gespräch mit ihm zu führen, fand er schnell etwas anderes an mir, was er kritisieren konnte — mein Stillschweigen — da ich nun voller Furcht meine Worte nur noch zögerlich nuschelte oder rein gar nichts mehr sagte.

Krankhaftes Lügen, Manipulation und Gaslighting

Der Narzisst ist ein krankhafter Lügner und Manipulator. Wie sonst wäre er im Stande, eine Beziehung einzugehen, Freundschaften zu schließen oder einen Job zu finden? Jedoch wird nichts von alledem von langer Dauer sein, da seine angeblichen Eigenschaften und Talente nicht den Test der Zeit bestehen. Lügen und Manipulieren sind für den Narzissten ganz natürlich; sie sind Teil eines Überlebensmechanismus, der es ihm erlaubt, die Welt zu täuschen, andere auszunehmen, von seinen kriminellen Machenschaften abzulenken und am aller wichtigsten, seine Unsicherheiten unter einer Maske zu verbergen.

Es ist schockierend, wenn man erkennt, dass die Person, in die man sich verliebte, es gar schaffte, eine komplette Beziehung vorzuspielen. Der Narzisst lügt und manipuliert, damit seine Bedürfnisse befriedigt werden und schreckt auch nicht davor zurück, seine oder eure gemeinsame Geschichte umzuschreiben, wie es ihm gerade passt. Eine geläufige Manipulationstaktik ist das Verbreiten von Halbwahrheiten und dabei die ausschlaggebenden Details seiner Geschichten zu verdrehen oder wegzulassen; er mag dabei hinter ein paar seiner Fehler stehen, um vertrauenswürdiger rüberzukom-

men und nicht wie ein Lügner zu erscheinen oder sich gegebenenfalls selbst wie einer zu fühlen. Es scheint, als hätte er
aus seinen Fehlern gelernt. Wenn er anfängt, die Geschichte
seines eigenen Drehbuchs zu glauben, kann es sogar sehr
schwierig sein, Ungereimtheiten über längere Zeit festzustel-
len, es sei denn, du fängst an, seine Worte seinen Taten ge-
genüberzustellen.

Sobald du seine Lügen durchschaust, zieht der Narzisst
schwere Geschütze auf und nutzt eine seiner gemeinsten,
hirnverdrehenden Waffen: *Gaslighting*. Der Begriff *Gaslighting* stammt aus dem Theaterstück *Gas Light (1938)*[19], in
dem ein Mann seine Ehefrau systematisch manipuliert und
davon überzeugt, verrückt zu sein, um von seinen eigenen
Verbrechen abzulenken.

Erinnerst du dich an die Szene aus dem Film *Der
Dummschwätzer*[20], in der Schauspieler Jim Carrey versucht,
einen blauen Kugelschreiber davon zu überzeugen, dass er
rot sei? Falls nicht, versuche die Szene bitte irgendwo zu finden. Eigentlich ist diese Stelle im Film ganz witzig, dann
wiederum auch nicht. Sie dient als perfektes Beispiel für
Gaslighting. Als der Kugelschreiber mit aller Macht versucht, sich gegen den Dummschwätzer durchzusetzen, damit
dieser die Wahrheit erkennt, dass der Kugelschreiber tat-

---

[19] Patrick Hamilton, *Gas Light* (Theaterstück, 1938)

[20] *Der Dummschwätzer*, Regie Tom Shadyac, produziert von
Imagine Entertainment (USA 1997)

sächlich blau und nicht rot ist, führt dies zu Wut und Chaos zwischen beiden im ganzen Raum.

Der Narzisst versucht dir einzureden, dass die Dinge, von denen du ganz genau weißt, dass sie wahr sind, unwahr sind. Er erklärt dir, dass du mit deinen Gefühlen falsch liegst und verändert mit seinen Lügen deine Erinnerungen, Sinne und Wahrnehmungen. Gaslighting lässt dich über deine eigene Realität grübeln und versetzt dich zunehmend in den Zustand des *Verrücktwerdens*.

Häufig wurde mir gesagt, dass das, was ich gehört oder gesehen hatte, gar nicht zutreffend gewesen sei und worüber ich mich nicht hätte aufregen müssen; egal, ob es die vielen Textnachrichten, die Fotos oder Namen anderer Frauen waren oder das ständige Flirten in der Öffentlichkeit. Als ich ihm sagte, dass er mich mit dem Leugnen dieser Tatsachen gaslightet, ging mein Partner noch einen Schritt weiter und wollte mich dazu manipulieren, zu glauben, dass ich klinisch depressiv sei: *„Du erlaubst dir selbst nie, glücklich zu sein!"* wiederholte er immer wieder wie ein Mantra zu mir, wenn ich verärgert über ihn war und nach Antworten von ihm suchte, während ich mir die Augen ausheulte.

Die folgenden Abschnitte zeigen verschiedene Arten narzisstischer Manipulation:

Future Faking

Während der Idealisierungsphase hat der Narzisst vielleicht dein Interesse mit großen Versprechungen über eure gemeinsame Zukunft zusammen erregt: die Träume, die er in Realität umsetzen wird, die Orte, die ihr gemeinsam bereisen oder wo ihr gar leben könntet, eine Familie, die ihr zusammen großziehen werdet etc. Sobald ihr in die zweite Phase eurer Beziehung eingetreten wart, wurde dir sicherlich schnell klar, dass es mit ihm keine *gemeinsame* Zukunft geben wird oder du warst die einzige, die sich darum bemühte.

Während es völlig normal ist, dass sich Pärchen über ihre Zukunftspläne Gedanken machen, so tut es der Narzisst jedoch mit erhöhter Intensität. Die ganze Beziehung mit ihm basiert einzig und allein auf *Hoffnungen*, da er genau weiß, dass das Leben mit ihm in der Gegenwart zur Hölle wird. Ein Leben mit einem Narzissten versetzt dich in den *Limbus* und dein Leben in den *Stillstand*. Wir glaubten felsenfest an sein Potenzial, bis wir unsanft auf den Boden der Realität aufschlugen. *„Fake it 'til you make it"* (dt. *Tu so, als ob, bis du es geschafft hast)* funktioniert in diesem Fall nicht und Potenzial allein, ohne es in Taten umzusetzen, reicht nicht aus. *Was bringt unser Partner an Erfolgen bereits mit sich?* Dies ist die Frage, die wir uns zu Beginn hätten stellen sollen.

Ich kann die unzähligen Male nicht vergessen, die mein Partner über unsere gemeinsame Zukunft fantasierte und über *Visualisierung* und das *Gesetz der Anziehung* sprach.

Währenddessen schaute ich mir seine miserablen Leistungen und Finanzen an und konnte einfach nur mitspielen, damit er nicht wütend wurde. Ich hasste mich selbst dafür, so verlogen zu sein, aber wenn du diesen kleinen zerbrochenen Jungen vor dir siehst, der dir erzählt, dass er einmal große Dinge erreichen wird, wie würdest du reagieren? Nur, dass dieser kleine Junge bereits im mittleren Alter war! Das Haus in Venice Beach in Kalifornien, das gemeinsame Büro, in dem wir zusammen arbeiten würden, den billigen Ring, den er mir an den Finger steckte mit den Worten, dass es *noch nicht* der richtige sei, aber irgendwann einmal. Mit der Zeit wurden meine realistische und verantwortungsvolle Denkweise sowie meine berufliche und finanzielle Überlegenheit zu Bedrohungen seiner Tagträume. Nach nur wenigen Monaten war es offensichtlich, dass es keine gemeinsame Zukunft mit ihm geben wird, da ich mich durch den Missbrauch immer schwächer fühlte und ich damit riskierte, alles zu verlieren, wofür ich so hart gearbeitet hatte — darunter auch mein eigenes Leben selbst.

Geld

Um finanzielle Kontrolle über dich ausüben zu können, muss der Narzisst erst einmal wirtschaftliches Vertrauen zu dir aufbauen. Dies erreicht er, indem er sich als bescheiden gibt und zunächst die Rechnungen mit dir teilt oder dir kleine geborgte Geldbeträge unverzüglich zurückzahlt, bevor er dich nach größeren Summen fragt von denen du keinen einzigen Cent mehr zurück sehen wirst. Der Narzisst mag dir ebenfalls Geld leihen, um Liquidität vorzutäuschen. Narzissten benutzen Schulden an beiden Enden, um ihre Opfer zu kontrollieren und um sie auch noch weit nach Ende der Beziehung an sie zu binden.

Es ist nicht ratsam, einer Person Geld zu leihen, Sparkonten zu vereinen oder gemeinsame Kredite mit jemanden aufzunehmen, der sich noch nicht als ausreichend vertrauenswürdig bewiesen hat. Je nachdem wie viel der Narzisst dir schuldet, fährst du wahrscheinlich besser damit, die Schulden hinter dir zu lassen und deine eigenen Wege zu gehen. Es ist äußerst unwahrscheinlich, dass der Narzisst dir die Schulden in einem angemessenen Zeitraum zurückzahlt. Ebenfalls mag der Narzisst zurückkehren, wenn sich deine finanzielle Situation wieder erholt hat, um erneut von dir zu profitieren.[21]

Geschenke

Ungeachtet seiner finanziellen Situation, kann es vorkommen, dass dich der Narzisst aus heiterem Himmel mit Geschenken überhäuft. Solche Momente erwecken entweder Gefühle des Love-Bombings oder des Misstrauens in dir.

Die Geschenke, die ich von meinem Partner geschenkt bekam, waren bei weitem nie gerechtfertigt. Er behauptete dann immer, ich sei nicht gut darin, Geschenke anzuneh-

---

[21] Siehe Kapitel *Arten des Missbrauchs > Finanzieller / Wirtschaftlicher Missbrauch*.

men, aber ich fühlte, dass er damit etwas ganz anderes bezwecken wollte. Seine finanzielle Situation war diesen großen Ausgaben einfach nicht angemessen. Seine Geschenke zu akzeptieren, ließ mich eher schuldig fühlen, während er mich mit aller Wahrscheinlichkeit damit nur von etwas ablenken wollte, dessen *er* schuldig war.

Der Narzisst ist von Natur aus kein Gönner und Geber, was einem Geschenk seine Aufrichtigkeit geben würde; sein Verhalten dir gegenüber sollte dafür Beweis genug sein. Nichts ist bedingungslos. Jedes Geschenk hat einen Hintergedanken und der Narzisst wird sicherstellen, dass du dich ihm gegenüber in irgendeiner Weise dafür erkenntlich zeigst.

Es kann eine Form der Manipulation sein, um dich fester an ihn zu binden, um eine seiner vielen Untaten zu verzeihen, um dich in Zukunft härter für diese Belohnung arbeiten zu lassen (siehe unregelmäßige Verstärkung) oder um ein Geheimnis zu bewahren.

Folgend ein paar Gründe für narzisstische Geschenke:
- er hat Angst, dass du dich von ihm trennst (festbinden)
- du hast ihm beim Lügen erwischt (eine Untat verzeihen)
- du wirst dafür belohnt, dass du endlich das getan hast, was er von dir wollte (unregelmäßige Verstärkung)
- er will dich von etwas ablenken wie z. B. seiner Untreue (ein Geheimnis bewahren)

Religion

„Ich bin ein Christ. Ich kann nicht lügen." Mit genau jenen Worten erklärte mein Partner alles ins Reine und selbst das war eine große Lüge. Narzissten interpretieren ebenfalls die heiligen Schriften, wie es ihnen gefällt. Jedes Mal, wenn ich meinen Partner dazu bringen wollte, Verantwortung für sein Handeln zu übernehmen, konterte er beispielsweise stets mit einem Bibelvers, den er mir wortwörtlich ins Gesicht hielt, um ihm zu vergeben. Narzissten sehen Vergebung als selbstverständlich an, ohne sie sich zu verdienen oder sich auch nur ein Stück dafür zu ändern. Viel zu häufig entschuldigen sich Opfer für die Fehler des anderen, welche sich dann zunehmend wiederholen.[22]

Isolation

Wie bereits im Kapitel **Macht und Kontrolle** erwähnt, kreiert der Narzisst ein Gefühl von *„Wir gegen den Rest der Welt."* Er erreicht dies, indem er dich von Freunden, Familienmitgliedern und selbst Arbeitskollegen isoliert. Die Isolation dient einzig und allein zwei Absichten: deine ganze Zeit und Aufmerksamkeit einzig und allein dem Narzissten zu widmen und um dich von deinem sozialen Unterstützungssystem zu trennen, damit es ihm leichter fällt, seine Fassade aufrechtzuerhalten und dir deine Glaubwürdigkeit zu nehmen, während er dich zerstört.

---

[22] Siehe Kapitel **Arten des Missbrauchs > Spiritueller / Religiöser Missbrauch**.

Der Narzisst hat keine Skrupel, Gerüchte über dich oder andere in die Welt zu setzen und zu verbreiten. Letzteres verhindert, dass du jemals den Kontakt zu anderen suchst, um die Wahrheit über deinen Partner herauszufinden. Der Narzisst hat einfach eine Meinung über alles und jeden. Dir wird gesagt, dass du dich von dieser oder jener Person fernhalten sollst, denn der eine ist angeblich ein Lügner, der andere ein Betrüger, ein Missbraucher oder einfach ein Arschloch ohne besonderen Grund.

Sehr früh in unserer Beziehung isolierte mich mein Partner nicht nur von der Kommunikation mit meiner Familie in Übersee, er gestand mir sogar einen Vorfall, der vor einigen Jahren bei der Arbeit passiert war. Dies war ein strategisch platziert präventiver Schachzug von ihm, der ihn nicht nur vertrauenswürdig erscheinen ließ, sondern mich auch daran hindern sollte, nach weiteren Details zu bohren, da wir in derselben Industrie arbeiteten. Er schob die gänzliche Schuld auf seine damaligen Mitarbeiter, die er Mobber nannte, und sagte mir, ich solle mich von ihnen fernhalten. Erst als sein Missbrauch unerträglich wurde, traute ich mich, jene damaligen Zeugen, die sogenannten „Mobber", getrennt voneinander über den Vorfall zu befragen, um ihre Version der Geschichte zu hören und erfuhr somit die brutale Wahrheit. Am nächsten Morgen sagte ich ihm, dass ich genug von ihm hatte.

Die Ex(en)

Während er vorgibt, schon längst über seine Ex(en) hinweg zu sein, so kann sich der Narzisst in Wahrheit nie gänzlich von vergangenen Beziehungen lösen. Über seine Ex(en) zu reden, ist ein wichtiger Bestandteil, um deine Sympathie während der Verführungssphase zu erhalten. Laut des Narzissten hat ihm die Ex *irgendwie* Unrecht angetan und zu seiner Trennung von ihr geführt. Die Tatsache, dass er sie missbrauchte, ist natürlich nicht Teil seiner Version der Geschichte. Des Weiteren behauptet er, sie sei *verrückt, eifersüchtig* und *besessen* oder gar immer noch *verliebt* in ihn. Somit stellt er sicher, dass du dich aus Angst niemals wagen würdest, die Ex nach ihrer Meinung und Wahrheit zu fragen, was ihm weiter erlaubt, die Opferrolle zu spielen. Warum kommt es aber dann so häufig vor, dass der Narzisst zu seinen ach so schrecklichen Exen zurückkehrt? Weil *er* in der Tat derjenige ist, der verrückt, eifersüchtig und besessen von *ihnen* ist. Im Laufe eurer Beziehung mag er dich vielleicht mit seinen vorherigen Partnerinnen verglichen haben. Diese Form der *Triangulation* dient nur wieder dazu, dich in seine Gussform zu pressen und nach seinen eigenen Bedürfnissen zu formen; gleichzeitig versetzt es dich in eine Art Konkurrenzkampf mit ihnen.[23]

---

[23] Siehe Kapitel **Von Verrückten umgeben** und **Triangulation**.

Sex

Sex mit einem Narzissten wird oft als *intensiv* und *süchtig machend* beschrieben. Um ihre süchtig gemachten Opfer emotional zu manipulieren, können Narzissten Sex daher als Kontrollwerkzeug zu ihrem Vorteil nutzen, indem sie ihnen entweder Sex vorenthalten oder mit einer plötzlichen Trennung drohen. Diese Vorenthaltung lässt dich nicht nur sexuell unbefriedigt, sondern auch verwirrt, unattraktiv und ungewollt fühlen, sodass du härter um seine Aufmerksamkeit kämpfen musst.[24]

Falsche Entschuldigungen, Reue und Versprechen

Da er Angst hat, verlassen zu werden, mag der Narzisst sich entschuldigen und Besserung geloben. Seine vorgetäuschte Reue kann von Krokodilstränen begleitet werden, die keine wahren Emotionen in ihm hervorrufen, jedoch deine manipulieren können. Der Narzisst übernimmt keinerlei Verantwortung, weshalb er nach einer kurzen Phase der Ruhe und Re-Idealisierung wieder in alte Muster zurück verfällt.

---

[24] Siehe Kapitel ***Arten des Missbrauchs > Sexueller Missbrauch, Sex und Untreue*** und ***Biochemische Aspekte narzisstischen Missbrauchs.***

Projektion und Schuldzuweisung

Wie oft hat der Narzisst dich für etwas beschuldigt, dessen er selbst schuldig war? Hat er dich jemals *egoistisch* oder gar *narzisstisch* und *missbrauchend* genannt trotz deiner ganzen Bemühungen, ihm immer gerecht zu werden? Dieses verwirrende Verhalten nennt sich *Projektion*.

Narzissten sehen sich selbst als unschuldig und makellos, beschuldigen dabei aber ihre Opfer für genau das, was sie fühlen, denken und selbst tun. Es wirft die Frage auf, ob Narzissten in der Lage sind, in sich zu kehren, um ihre eigenen Fehler zu erkennen.

Der Narzisst sieht dich als eine Art *Erweiterung* seiner selbst. Indem er seine Makel auf dich projiziert, ist es für ihn so, als würde er ein verletztes Glied seines Körpers (seine Erweiterung) von sich abtrennen, bis es sich selbst geheilt hat, d. h., bis du entweder dich oder die Situation wiederhergestellt hast. Dies erlaubt es dem Narzissten, sich über seine eigenen Fehler im Klaren zu sein, aber jegliche Verantwortung innerhalb der Beziehung auf dich zu schieben und allein damit klarzukommen. Über Stunden, wenn nicht gar Tage, grübelst du, wie du das Problem lösen kannst, aber du weißt einfach nicht, was du falsch gemacht hast. In der Zwischenzeit geht der Narzisst in den Schweige-Modus über, spart seine Energie und vergnügt sich anderweitig.

Der Narzisst ist ein Feigling, ein unreifes, unsicheres und schambehaftetes Individuum, unfähig zu wahrer Selbstreflexion, Verantwortung oder Reue, welche ihm die Fähigkeit geben würden, sich zu ändern. Er weiß, dass er missbrauchend ist, daher passiert der offensichtliche Missbrauch auch hinter verschlossenen Türen. In der Öffentlichkeit missbraucht er in verdeckter und unterschwelliger Weise; kleine personalisierte, verbale Sticheleien, die nur du als beleidigend ausmachst — wie ein Insider-Witz, den kein anderer außer dir versteht, nur, dass du ihn nicht witzig finden kannst.

Immer wieder gerne provoziert der Narzisst einen Streit und nimmt deine Reaktion als dessen Anfang. Dies ist bekannt als *reaktiver Missbrauch* oder *Lockvogeltaktik (engl. baiting)*; erst ködern sie, dann schlagen sie zu.

Mein Partner war allseits bekannt für seine herablassende Art gegenüber anderen, jedoch bezeichnete er mich als herablassend z. B. jedes Mal, wenn er mich um Hilfe bat, nur um mich dann lauthals beschuldigen zu können, dass ich ihn für dumm halten würde. Wenn der Narzisst glaubt, dass seine Intelligenz herausgefordert wird, muss er seinen Partner stets übertrumpfen, weshalb sich eine Beziehung mit ihm wie ein ständiger *Wettbewerb* anfühlt.

Eine beliebte Methode, einen Streit anzufangen und umzudrehen, ist das *„Hör auf, mich anzuschreien,"* welches das Opfer in die Defensive zwingt und sie dem Narzissten nun erklären muss, dass sie ihn überhaupt nicht angeschrien hat.

Aufgrund von Projektion und Schuldzuweisung, fällt es Opfern schwer, auszumachen, wer tatsächlich der Missbrauchende in der Beziehung ist und so beschuldigen sie sich schlussendlich nur selbst; insbesondere dann, wenn du der Typ bist, der immer nur schluckt und schluckt, bis du eines Tages explodierst und du dich selbst nicht mehr wiedererkennst. Für den Narzissten ist es ein leichtes Spiel, mittels *reaktiven Missbrauchs* die alleinige Schuld auf dich zu schieben. Dadurch versucht er, dich immer in dem Glauben zu lassen, dass du der Grund eines jeden Streits bist und nicht, dass du lediglich auf seinen Missbrauch reagierst oder auf das, was er mal wieder verbockt hat. Somit erlaubt es sich der Narzisst, das Opfer deiner rechtmäßigen Anschuldigungen für seine Untaten zu sein. Du entschuldigst dich, gehst weiter deinem Alltag nach und schon bald geht das ganze Spielchen wieder von vorne los; doch irgendwann müssen uns die Entschuldigungen ausgegangen sein.

In ähnlichen Szenarien hat der Narzisst dich vielleicht der Projektion beschuldigt, was *an sich* schon eine Projektion darstellt. Wenn du unter häuslicher Gewalt aufgewachsen bist oder bereits in einer toxischen Beziehung warst, wird er dir sagen, dass du nur deine vergangenen traumatischen Erlebnisse mit anderen auf ihn projizierst, während sich in Wahrheit nur die Geschichte wiederholt und du jenen Missbrauch erneut durchlebst (Reenactment).

An dem Tag, als die Maske meines Partners abfiel und er grundlos in Wut aufging, fror ich auf der Stelle ein. Ich spielte ein Trauma meiner Vergangenheit mit diesem cholerischen Mann nach, das ich schon lange vergessen hatte, aber für ihn war es offensichtlich, dass ich nur an *Vertrauensproblemen* litt und lediglich meine Erfahrungen auf ihn projizieren würde, wie es ja seine ehemaligen Partnerinnen bereits getan hätten. Rückblickend weiß ich, dass ich genau an jenem Tag, gerade einmal zwei Monate in unserer Beziehung, auf der Stelle kehrt machen und ihn verlassen hätte sollen, um Schlimmeres zu verhindern. Aber ich blieb, glaubte seinen Anschuldigungen, beschuldigte mich gar selbst und bat ihn um Verzeihung. Letzen Endes habe ich mich nur selbst gegaslightet.

Beispiele von Projektion:
„Du behandelst mich nicht wie einen Gleichberechtigten."
Während du tatsächlich in die Rolle der Fürsorgerin trittst, ist es der Narzisst, der dich nicht wie eine Gleichberechtigte behandelt, da er in ständiger Konkurrenz mit dir steht.

„Du liebst mich nicht."
Der Narzisst trägt eine emotionale Leere in sich, die nie gefüllt werden kann. Er projiziert seinen Selbsthass auf dich.

„Du lügst."
Narzissten sind krankhafte Lügner. Die gelegentliche Notlüge oder das Zurückhalten von Informationen, um dich vor seinem Zorn in Sicherheit zu bringen, ist keine direkte Lüge, wenn dein Leben davon abhängt.[25]

-----

[25] Siehe Kapitel *Krankhaftes Lügen, Manipulation und Gaslighting*.

„Du hintergehst mich." *oder* **„Du hast eine Affäre."**

Der Narzisst hintergeht dich. Er sucht immer nach einer neuen Zufuhr und hat meistens einen Plan B, um dich zu ersetzen. Seine Beziehungen überschneiden sich meistens während der Idealisierungsphase einer neuen Partnerin und der Entsorgung einer alten.

„Die Leute sagen *das* über dich." *oder* **„Die Leute mögen dich nicht sehr."**

Der Narzisst projiziert die Meinungen, die andere über ihn haben, auf dich. Er versucht dir einzureden, dass du dich außerhalb der Beziehung auf niemanden verlassen kannst und löscht somit langsam deinen Selbstwert aus. Vergesse niemals, *was andere über dich denken, kann dir egal sein.*

„Ich hatte auch mit einem Narzissten zu tun."

Der Narzisst mag schon einige Male mit seinem Narzissmus konfrontiert worden sein. Er nimmt dieses Wissen über sich selbst zu seinen Gunsten und gibt vor, selbst ein Opfer narzisstischen Missbrauchs gewesen zu sein. Frage ihn, wie er den Missbrauch erlebt hat. *Der Teufel steckt im Mangel an Details.*

Der Narzisst liebt es, das Opfer zu spielen, besonders nachdem die Beziehung wegen ihm in die Brüche gegangen ist. Er erzählt seine rührselige, verlogene Geschichte jedem, der zuhört und stellt dabei klar, dass du die Übeltäterin bist. Jene Schuldzuweisung von ihm oder anderen, die deine Erfahrungen für unwahr oder nichtig erklären, ist im Englischen bekannt als das *victim-blaming* oder *victim-shaming*. Es führt nicht nur den emotionalen und psychologischen Missbrauch nach Ende der Beziehung fort, sondern kann auch noch über Jahre andauern. An dieser Stelle läufst du Gefahr, dich zu isolieren oder gar mit dem Gedanken zu spielen, zu deinem narzisstischen Ex-Partner zurückzukehren; daher ist die *No-Contact-Regel (d. h. kompletter Kontaktabbruch bzw. Kontaktsperre)* mit dem Narzissten und seinem Gefolge unabdingbar, um zu heilen und in Frieden weiterzuleben.[26]

Triangulation

Dem Narzissten mangelt es an innerem Selbstwert. Er ist abhängig von externen Zufuhr-Quellen, die Selbstwert für ihn generieren. Somit wird die *Triangulation* zu einem seiner Lieblingsinstrumente. Indem er seine Wettbewerbsgier auf jene projiziert, die um seine Aufmerksamkeit buhlen, erzeugt er oberflächlichen Selbstwert für sein Ego und verringert dadurch gleichzeitig den eigenen Selbstwert seiner schmachtenden Wettstreiter.

---

[26] Siehe Kapitel ***Schmierkampagne, Das Triumvirat des Narzissten: Apathen, Flying Monkeys und Informanten*** *und* ***Traumatische Bindung und kognitive Dissonanz.***

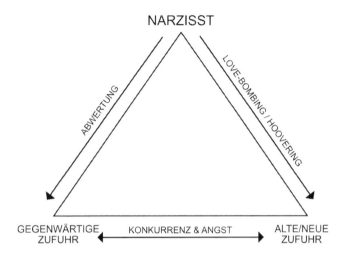

Durch Aufbau eines Liebesdreiecks zwischen ihm, seiner derzeitigen Partnerin und der neuen oder recycelten Zufuhr, kann sich der Narzisst als heiß begehrt auf dem Markt präsentieren und hält somit nicht nur beide Parteien auf Trab, sondern auch unter seiner Kontrolle. Dieser emotionale Missbrauch versetzt die beiden Zielpersonen, die sich gegebenenfalls kennen oder auch nicht, in einen Zustand projizierter Verlustangst und Eifersucht, wenn nicht gar Hass füreinander, und reguliert somit den Selbstwert des Narzissten an beiden Enden.

Der Narzisst *rast* bekanntlich mit Hochgeschwindigkeit und ohne Bedenken in neue Beziehungen; Triangulation vermittelt seiner neuen Zielperson ein Gefühl der Dringlichkeit, um sich schneller auf ihn einzulassen. Während er vorgibt, das Opfer seiner momentanen Partnerin zu sein, versetzt es seine neue Flamme in den Retter-Modus, die ihn aus den Klauen jenes Biests befreien will.

Oftmals sind neue Zielpersonen komplett ahnungslos darüber, dass sie trianguliert werden. Entweder versteckt der Narzisst seine Beziehung gänzlich oder behauptet, nur befreundet zu sein, während er die neue Zielperson seiner Partnerin hinter verschlossener Türe direkt ins Gesicht hält. Diese Art der Triangulation lässt dich härter für ihn aufopfern, während du eine völlig unschuldige Person zu deinem Feind machst, die nicht weiß, dass sie nicht nur indirekt zum Missbrauch beiträgt, sondern bereits selbst vom Narzissten missbraucht wird.

Triangulation war bei weitem das größte Problem in unserer Beziehung. Während mein Partner mich auf seinen Social-Media-Konten geheim hielt, schien es so, als würde nicht eine einzige Frau zwischen zwanzig und dreißig Jahren seiner Aufmerksamkeit entgehen. Nach einiger Zeit erkannte ich seine Vorgehensweise. Er vernetzte sich sehr schnell mit ihnen auf Social Media, was er „beruflichen Austausch" nannte, um sie dann hinter meinem Rücken anzubaggern — im Grunde genauso, wie es bei uns anfing, während er mich mit seiner *verrückten* und immer noch von ihm *besessenen Ex* triangulierte, von der er angeblich schon seit Jahren getrennt war. Gelegentlich tauchte eine Nachricht einer alten Bekannten von ihm in seinem Postfach auf und er tat so, als sei er tierisch genervt von ihr, machte aber auch keine Anstalten, den Kontakt gänzlich abzubrechen — jede Form von

Aufmerksamkeit ist gut genug für einen Narzissten. Das Flirten mit anderen Frauen vor mir am Arbeitsplatz oder in der Öffentlichkeit waren auch nicht der Rede wert, denn worüber ich mich auch immer beklagte, spielte sich ja, laut ihm, nur in meinem kleinen, kranken Köpfchen ab und ich war bloß nur eine unsichere, eifersüchtige *Schlampe* mit angeborenen Vertrauensproblemen.

Einst gestand er mir, dass er eine seiner vorherigen Partnerinnen betrogen hatte, ganz nach dem Motto: *„Wenn sie mir nicht vertraut und sowieso glaubt, dass ich fremdgehe, dann kann ich es auch machen."* Letzten Endes ließ er mich dadurch nur wissen, dass ich ihn niemals für das, was seine andere Partnerin auch durchgemacht hatte, verantwortlich machen sollte. Es dauerte nicht lange und die ständige Triangulation ließ mich zu einem verstörten *Kontrollfreak* mutieren, vergraben in Unsicherheit, Eifersucht und Schamgefühl, was in mir die Frage aufwarf, ob ich nicht selbst missbrauchend war. Mein Partner bestand darauf, dass er nichts zu verbergen habe und spielte dabei Achterbahn mit meinem Vertrauen und meinen Gefühlen, während er mir manche Dinge vorenthielt und andere wiederum nicht.

Die bestehende Verlustangst des Narzissten zwingt ihn dazu, stets eine alternative Zufuhr in petto zu haben. Die Tatsache, dass durch die Triangulation oder gar das Fremdgehen an sich seine Angst, verlassen zu werden, zur Realität werden könnte und zur unvermeidlichen Trennung führt, kommt ihm gar nicht in den Sinn.

Einer Trennung folgend kann die sogenannte *Post-Trennungstriangulation*[27] stattfinden, in welcher der Narzisst seine neue Partnerin mit der alten anfeindet.

Familienmitglieder, beliebige Fremde, Haustiere oder auch unbewegliche Gegenstände wie z. B. Geld, Autos, Mobiltelefone oder Videospiele können ebenfalls der Triangulation dienen; alles, was dir die Aufmerksamkeit und Bewunderung nimmt.

Sex und Untreue

Wie zuvor bereits erwähnt wird Sex mit einem Narzissten oft als *intensiv* und *süchtig machend* beschrieben. In spiritueller Hinsicht nennt man es gerne eine *Seelenverbundenheit*[28], die beide Partner spirituell, emotional und psychologisch miteinander verbindet. Survivors nehmen an Zeremonien teil, um diesen Bund zu durchtrennen. Während dieser Prozess auf rein geistlicher Ebene Erfolge versprechen mag, sind es eher die chemische Sucht[29] und psychologi-

[27] Siehe Kapitel **Phase 4: No Contact und Hoovering.**

[28] Siehe Kapitel **Die Seelenverbindung lösen.**

[29] Siehe Kapitel **Biochemische Aspekte narzisstischen Missbrauchs.**

schen Aspekte wie die *traumatische Bindung* und *kognitive Dissonanz[30]*, die gelöst werden müssen, um jene Verbundenheit zu beenden. Wie du somit sehen kannst, wird die Sucht und Abhängigkeit nach Sex in verschiedenen Weisen konstruiert und dient somit als perfektes Machtmittel für den Narzissten, der in der Lage ist, diese Droge unvorhergesehen zu entziehen oder sein Opfer damit überzudosieren.

Viele Narzissten entwickeln selbst diverse Süchte in ihrem Leben, insbesondere die Sucht nach Sex und Pornografie. Ihre impulsive und rücksichtslose Natur verleitet sie zu abenteuerlustige — oft ungeschützte — und zwanghafte Untreue und so riskieren sie nicht nur ihre eigene Gesundheit, sondern auch die ihrer Lebenspartner, die lebensbedrohlichen Sexualkrankheiten ausgesetzt werden. In solchen Situationen ist ein Gesundheitscheck ratsam.

Der Narzisst sieht seine Partnerin lediglich als ein Objekt an, weshalb mein Partner stets zu mir sagte, ich würde *„nicht funktionieren,"* wenn ich krank war oder meine monatliche Regel hatte, als wäre ich lediglich ein Sex-Roboter, den man ein- und ausstellen könne. Dank ihres Mangels an *Objektkonstanz* jedoch, fällt es dem Narzissten leicht, seine Partnerin zu hintergehen, nach dem Motto *„Aus den Augen, aus dem Sinn,"* weshalb ein Narzisst dich auch nicht wirklich *vermissen* kann, selbst wenn er dies behauptet. Der Narzisst fingiert Exklusivität und erwartet dasselbe im Gegenzug. Verlasse dich auf dein Bauchgefühl, wenn es dir sagt, dass

---

[30] Siehe Kapitel **Traumatische Bindung und kognitive Dissonanz**.

dein Partner dich betrügt, denn in den meisten Fällen magst du damit richtig liegen.

Die folgende Liste führt einige Warnsignale auf, die auf Untreue deines Partners hindeuten können:

Warnsignale für Untreue

Er benutzt wenig kreative Kosenamen wie „Schatz" oder „Liebling", damit er die Namen seiner vielen Partner nicht verwechselt.

Er verändert sich: sein(e) Interessen, Aktivitäten, Arbeitszeitpläne, Aussehen, Kommunikation und Ausdrucksweise, sexuelles Verhalten, Erwartungen an dich.

Geheimnistuerei mit seinem Handy: es scheint wie an ihm zu kleben, es ist (plötzlich) mit einem Zugangscode geschützt oder der Code wurde geändert, er schaltet es in den Ruhe- oder Flugzeugmodus, damit du eingehende Anrufe und Textnachrichten nicht mitbekommst, es zeigt nicht gespeicherte neue Telefonnummern von Fremden, sein Datenvolumen ist jeden Monat frühzeitig ausgeschöpft.

Fragwürdiges Online-Verhalten: sein Dating-Profil ist immer noch online oder er hat ein neues eröffnet, er hat mehrere Profile oder E-Mail-Adressen, er verbringt mehr Zeit auf Social Media als zuvor und folgt neuen „Bekannten".

Er verheimlicht eure Beziehung im wahren und virtuellen Leben.

Er sagt, er hat nichts zu verbergen und ist zu sehr darauf erpicht, dein Vertrauen zu erhalten.

Er trägt größere Summen Bargeld in seiner Tasche, was seine Ausgaben nicht nachvollziehbar machen lässt oder es befinden sich fragwürdige Abbuchungen auf seinem Konto- bzw. Kreditkartenauszug.

Er projiziert: er beschuldigt dich der Untreue, Eifersucht, Vertrauensangst oder allgemeinen Unsicherheit.

Plötzliche Streitereien, (spurloses) Verschwinden bzw. Ghosting oder Silent Treatment; er geht in überdimensionale Wut auf, wenn du ihn mit Untreue konfrontierst.

Hast du einiges zu bieten, wird der Narzisst alles dafür tun, dich an ihn zu binden und schreckt auch nicht davor zurück, Verhütungsmittel zu manipulieren, um dich zu schwängern, auch wenn er im Nachhinein keinerlei Verantwortung für sein Kind übernehmen wird. Das unaufhörliche Gedränge meines Partners nach ungeschütztem Geschlechtsverkehr war für mich ein eindeutiges frühes Warnsignal, wobei er immer behauptete, aufgrund jahrelanger Erfahrung, alles unter Kontrolle zu haben. Aus Angst lehnte ich dies stets ab.

Trotz dessen Intensität, beschrieben Survivors Sex mit einem Narzissten als *mechanisch*, da er immer nach demselben Schema abgelaufen war und an wahrer Intimität gemangelt hatte. Ein jeder sexueller Akt ist nur dazu bestimmt, dem Narzissten zu dienen. Auch wenn er alles dafür tut, seine Partnerin zu befriedigen, so ist es für ihn mehr eine Demonstration seines Talents und benötigt deine Anerkennung für seine Performance.

Einige Survivors hinterfragten die sexuelle Orientierung ihres Partners im Laufe ihrer Beziehung. Homosexuelle Narzissten können sich äußerst homophob verhalten. Aus Scham, sich zu outen, steigt ihr Hass auf das andere Geschlecht, von dem sie abhängig sind, um ihre Fassade aufrecht zu erhalten.

Kompartimentierung

Für den Narzissten ist das Leben wie ein Schachspiel, in dessen er seine Figuren strategisch zu seinem Vorteil platziert. Um dies zu erreichen, muss er seine Umwelt unter ständiger Kontrolle haben. Durch Lügen und Manipulation baut er sich seine Zufuhr und seinen guten Ruf auf, daher ist *Kompartimentierung* für ihn lebensnotwendig, um diese zu schützen.

Durch Kompartimentierung, d. h., Leute in soziale und voneinander getrennte Schubladen zu stecken, ist der Narzisst in voller Kontrolle und hält sich somit Quellen unerschöpflicher Zufuhr bereit. Es erlaubt ihm, versteckte Doppelleben zu führen, ohne dass die Personen in den Schubladen — oder auch Partner — jemals voneinander wissen.

Mittels Kompartimentierung verhindert er des Weiteren kognitive Dissonanz[31] in ihm selbst, da er dadurch in der Lage ist, Ereignisse und Emotionen ebenfalls voneinander zu trennen. Es scheint glatt so, als würde der Narzisst von Moment zu Moment leben, ohne auch nur eine einzige emotionale Verbindung zu einem kürzlichen Ereignis (z. B. einen Streit) zu haben; er kompartimentalisiert die schlechten Momente weg und fokussiert sich nur auf die guten, um die Beziehung am Laufen zu halten. Dieses seltsame Verhalten lässt dich fassungslos und emotional vernachlässigt zurück.

Mein Partner konnte beispielsweise nach einem heftigen Streit vor die Türe gehen, seinen ganzen Ballast buchstäblich draußen lassen, nach fünf Minuten wieder reinkommen, und mich dann fragen, weshalb ich so aufgebracht war. In extremeren Fällen mag der Narzisst sein Opfer verprügeln und sie dann fragen, warum sie blutet und wieso sie sich das selbst antut. Dieser Prozess erlaubt es dem Narzissten, ruhig und gefasst in der Öffentlichkeit aufzutreten und den Missbrauch hinter verschlossenen Türen zu halten, was deine Glaubwürdigkeit in der Gesellschaft in Frage stellt.

Mit der Anhäufung missbräuchlicher Ereignisse, steigert sich dein Energieabfall exponentiell und nährt somit deine eigene kognitive Dissonanz, denn zu deiner Verwirrung tut der Narzisst so, als sei nichts geschehen. Da der Narzisst Angst hat, dich zu verlieren, erinnert er dich immer

---

[31] Siehe Kapitel *Traumatische Bindung und kognitive Dissonanz.*

und immer wieder an die *guten Momente*, die ihr einst zusammen hattet und beschuldigt dich, zu sehr auf der Vergangenheit rumzureiten und die Beziehung mit deiner negativen Einstellung zu gefährden.

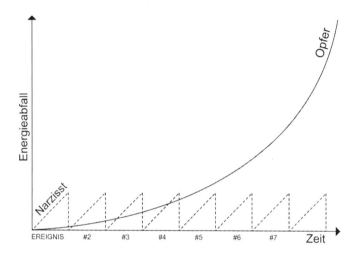

Die Tatsache, dass du gerade am Mittagstisch sitzt und kurz vor einem Herzinfarkt stehst, während du nach Atem ringst, interessiert ihn gar nicht. Mit der Zeit wirst du zunehmend nutzloser in den Augen des Narzissten, da sich deine mentale und körperliche Verfassung gravierend verschlechtert. Die Kompartimentierung erklärt somit auch, wie es der Narzisst schafft, sein nutzloses Opfer abzuwerfen und schnell zum nächsten überzugehen. Er steckt die abgeworfene Person in eine Schublade und kommt dann zurück, um sie zu *hoovern*[32], wenn er sich an die *guten Momente* mit ihr

---

[32] Siehe Kapitel *Phase 4: No Contact und Hoovering*.

erinnert, sobald seine neue Beziehung anfängt, Risse zu zeigen.

Zu guter Letzt hilft die Kompartimentierung dem Narzissten, sein persönliches Unterstützungssystem während der Abwertungs- und Entsorgungsphase aufrecht zu erhalten. Da die Personen in den anderen Kompartimenten nichts von deiner Realität wissen, ist es ein Leichtes für den Narzissten, andere davon zu überzeugen, dass du problematisch und verrückt bist, und er kann sich somit als das Opfer darstellen. Schmierkampagnen wie diese haben in der Vergangenheit zu Selbstmorden geführt; das Opfer litt nicht nur durch ihren Peiniger, sondern erfuhr nun auch Schelte durch seine Mitläufer, fern von einem eigenen Unterstützungssystem aufgrund dieser Isolation. Opfer narzisstischen Missbrauchs sehen oft keinen anderen Ausweg aus ihrer Misere und somit kommen Narzissten mit *stillem Mord* davon. Manche treiben es sogar so weit, danach die Rolle des *armen* und *trauernden Witwers* zu spielen, nur um ihr nächstes empathisches Opfer anzuziehen.

Gespräche aus der Hölle und Wortsalat

Das am meisten diskutierte Thema zwischen dir und dem Narzissten war mit aller Wahrscheinlichkeit eure Beziehung selbst. Hattest du jemals eines dieser Gespräche in dem Glauben beendet, endlich *gemeinsam* eine vernünftige Lösung gefunden zu haben und fragtest dich dann plötzlich:

„Was zur Hölle ist da gerade passiert?" Im Grunde genommen ist rein gar nichts passiert, außer, dass du gerade ein typisches *Gespräch aus der Hölle* — auch bekannt als *Wortsalat* — führtest.

Unter *Wortsalat* versteht man die unlogische Aneinanderreihung von unverwandten Worten, Gedanken oder Argumenten, um den Zuhörer zu verwirren. Für den Narzissten ist alles im Leben ein einziger Wettstreit und er wird auch hier sicherstellen, dass er jede ihm verfügbare Methode einsetzt, um eine Auseinandersetzung mit dir zu gewinnen. All die Stunden, die ihr miteinander diskutiert habt, um eine einfache (oder auch nicht so einfache) Lösung zu finden, und wieder wurdest du manipuliert, dass alles davon deine Schuld ist und du somit die alleinige Verantwortung für deinen eigenen Missbrauch von ihm trägst. War dies dein eigentliches Ziel gewesen, als ihr das Gespräch begonnen hattet oder verdrehte er die Worte und Fakten so sehr, bis du gar nicht mehr wusstest, was das Streitthema eurer Auseinandersetzung überhaupt gewesen war?

Vermeide es um jeden Preis, ernsthafte Gespräche via Textnachrichten oder E-Mails zu führen. Das Fehlen von Subtext, Ton, Gestik und Mimik führen nicht nur zwischen normalen Personen zu Missverständnissen, allerdings wird der Narzisst es zu seinem vollen Vorteil ausnutzen. Anschuldigungen wie z. B. *„Warum hast du kein Emoji benutzt?"*, um den Ton zu erleichtern oder das Hervorholen alter Textnachrichten, um dich in ein kindisches *„Er sagt, sie sagt"* hineinzuziehen, machen dich nicht nur psychisch verrückt, sondern laugen dich auch körperlich schnell aus. Falls der Narzisst keinen Grund findet, um Chaos zu veranstalten, wird er deine geschriebenen Worte sezieren und ihre Bedeutung unverhältnismäßig verdrehen — der Beginn eines sinn- und endlosen *Gesprächs aus der Hölle* und des Gaslightings, was zu nichts weiter führt als wunde Daumen.

Manchmal aber kann der Narzisst ein eifriger Zuhörer sein. Er erscheint diplomatisch, fürsorglich und sogar empathisch, während du die Mehrheit der Konversation führst und dabei deine Gefühle, Schmerzen, Hoffnungen, Ängste, Zweifel und Bedenken ihm gegenüber ausschüttest — eine Vielzahl von Verletzlichkeiten, die der Narzisst später zu seinem Vorteil ausnutzen wird. Sollte nichts von alledem funktionieren, schaltet der Narzisst entweder in den Ruhe-Modus und verschwindet oder geht in einen Anfall narzisstischer Wut[33] über, um dich einzuschüchtern und deinen Fall niederzulegen.

Anzeichen:

o Gespräche drehen sich im Kreis oder die Themen wiederholen sich, ohne eine Verbesserung der Situation oder auch nur einen gescheiten Lösungsansatz zu finden

o der Narzisst holt Fehler aus deiner Vergangenheit hervor, um von seinen eigenen Fehlern in der Gegenwart abzulenken

---

[33] Siehe Kapitel ***Narzisstische Wut und Silent Treatment***.

- der Narzisst kommt mit Entschuldigungen; z. B., dass er das Opfer einer vergangenen Beziehung oder seiner Kindheit ist
- der Narzisst bevormundet dich und spricht herablassend mit dir
- der Narzisst projiziert, macht dir Schuldzuweisungen, gaslightet, lügt und leugnet unverfroren oder manipuliert auf andere Art und Weise
- der Narzisst benutzt Doppelmoralen
- der Narzisst trägt verschiedene Masken, um das Gespräch zu seinem Vorteil zu lenken
- der Narzisst macht unlogische Aussagen, um dich zu verwirren
- der Narzisst verallgemeinert, z. B.: *„Du machst das immer!"*
- du musst ihm normales menschliches Verhalten erklären
- du fängst an, unaufhaltsam zu weinen bei dem Versuch, dem Narzissten deine Lage verständlich zu machen
- am Ende bist du diejenige, die sich grundlos entschuldigt
- nach dem Gespräch wunderst du dich: *„Was zur Hölle ist da gerade passiert?"*
- einige Survivors bemerkten sogar eine diabolische Verzerrung seines Gesichts und seiner Stimme

Narzisstische Wut und Silent Treatment

Regel Nummer 1 des Narzissmus: Rede nicht über Narzissmus!

Der Narzisst will sich als unantastbar präsentieren, ist aber in Wahrheit ein sehr fragiles und eingeschüchtertes Wesen in seinem Kern, das nie seine eigenen Traumata und Trigger überwunden hat. Jede noch so kleine Kränkung oder Kritik (eingebildet oder der Wahrheit entsprechend), verursacht einen Schlag für sein Ego, eine *narzisstische Kränkung*, die in zwei Extreme ausarten kann: die *narzisstische Wut* oder das *Silent Treatment*.

Willst du das wahre Gesicht eines Narzissten sehen? Dann halte ihn unausweichlich verantwortlich. Nutze diesen Ratschlag jedoch mit Vorsicht: alles kann passieren, wenn der *Hulk*[34] zum Leben erwacht! Einst machte ich genau diesen Fehler und konfrontierte ihn mit seinem raubtierhaften Verhalten gegenüber jungen Frauen — eine Nacht, die ich nie vergessen werde, denn seine umgehende Reaktion sprach Bände, als ich das Wort „*Predator*" in den Mund nahm.

Narzisstische Wut ist vergleichbar mit einem kindischen Wutausbruch — dieses große Kind bekommt einfach nicht, was es will — und steht oft in keinem Verhältnis zu dessen Auslöser. Der Narzisst gerät außer Kontrolle über die Situation und sich selbst und versucht mittels Einschüchte-

---

[34] Stan Lee und Jack Kirby: *The Incredible Hulk* (Marvel Comics, 1962)

rung durch verbale oder physische Gewalt gegenüber dir, anderen Personen oder wehrlosen Gegenständen, seine Macht zurückzuerlangen, weshalb solche Episoden auch tödlich enden können.

Der Versuch, narzisstische Wut zu beschwichtigen, gießt nur noch mehr Öl ins Feuer und lässt die Situation weiter eskalieren. Die beste Reaktion auf solch einen Ausbruch ist es, nicht darauf einzugehen, und dem Narzissten die Zeit zu geben, sich abzukühlen; seine Wut wächst nur weiter durch unkontrollierte Reaktionen. Lerne, bewusst zu *agieren* statt zu *reagieren*.

Das extreme Gegenteil narzisstischer Wut ist das *Silent Treatment*; ein passiv-aggressives Verhalten, um dir Verachtung und Ablehnung durch den kompletten Entzug von Aufmerksamkeit und absolutem Stillschweigen entgegenzubringen und so in dir Verlustängste auszulösen. Nicht selten vergnügt sich der Narzisst in dieser Zeit wahrhaftig mit jemand anderem, während du zu Hause sitzt und versuchst, eine Lösung zu finden und dich dabei nur selbst beschuldigst. Dieses Verhalten tritt häufiger in der Entsorgungsphase auf, wenn der Narzisst zu einem anderen Opfer übergeht und kann von ein paar Stunden bis zu ein paar Monaten andauern; manche Opfer merken nicht einmal, dass sie in diesem Zeitraum abgeworfen sind. Der Narzisst braucht dich, wenn er dich braucht; solange er eine alternative Zufuhr-Quelle zur Verfügung hat, kann er sehr geduldig sein.

Das Silent Treatment ist nicht mit dem *No Contact*[35] zu verwechseln; Letzteres ist ein Weg, um dich selbst zu schützen und dich vom Missbrauch zu erholen, während Ersteres eine Art der Folter ist. Auch ist das Silent Treatment nicht mit dem Bedürfnis nach einer kurzen Ruhepause oder Zeit für sich allein zu sein zu verwechseln, in der du dich von vorangegangenen Geschehnissen erholst oder Informationen verarbeitest.

Überlebensmodus:
Angriff. Flucht. Erstarrung. Dissoziation.

Trotz Evolution haben wir Menschen animalische Überlebensinstinkte beibehalten, die uns in Angesicht von Gefahr beschützen sollen. *Angriff, Flucht und Erstarrung (engl. fight, flight, freeze)* sind die bekanntesten aller instinktiven Reaktionen, welche du wahrscheinlich während eines Anfalls narzisstischer Wut erlebt hast. Diese Angstreaktionen lösen im Körper Stress und Anspannung aus, um sich selbst zu schützen. Über kurz oder lang führt dieser Stress dazu, dass unsere Psyche mitzieht und in ihren eigenen Überlebensmodus, die *Dissoziation* bzw. *Abspaltung*, schaltet.

Dissoziation nimmt dich aus der Gegenwart; der Geist trennt sich sozusagen vom Körper, welches oft als ein Gefühl von *Brain Fog (dt. Gehirnnebel), außerkörperliche Erfah-*

---

35 Siehe Kapitel **Phase 4: No Contact und Hoovering**.

rung oder *luzides Träumen* beschrieben wird. Ich h[ ]
Untertitel dieses Buchs — „*Der Weg aus dem Wa*[ ]
narzisstischen Missbrauchs" — auf dem Gefühl der Dissoziation basierend gewählt, da ich die Auflösung des Nebels wie
das Erwachen aus einem Wachkoma erlebte und nicht nur
mich selbst, sondern auch die Welt um mich herum neu ent-
decken musste. Mein Leben verlief praktisch auf *Autopilot*
und ich konnte nur noch über unsere Beziehung nachdenken
und für sie funktionieren, und dabei lief ich die Gefahr, alles
zu vernachlässigen, was mir je wichtig gewesen war, bis dieser eine Mann in mein Leben trat. Solltest du jemals das
Phänomen der sogenannten *Autobahn-Hypnose (engl.*
highway hypnosis) erlebt haben, wo du von Punkt A nach B
fährst, aber nach Ankunft absolut keinerlei Erinnerung an
die Reise zwischen diesen beiden Punkten mehr hast, so ist
es in etwa, wie es sich anfühlt. Füge die ganze Manipulation
hinzu und du wirst zu dem, was Survivors eine *leere Hülle*
nennen — ein vom Körper gelöster Geist, der seinen Verstand und sich selbst verloren hat.

Dissoziation ist ein Symptom komplexer posttraumatischer Belastung und kann noch lange nach der Trennung
von einem Narzissten andauern.[36] Ein Anzeichen, dass du
unter Dissoziation littest, erkennst du daran, dass du dich
unter Umständen besser fühltest oder *wacher* und *klar den-*
kender, wenn der Narzisst nicht in deiner Nähe war.
Manchmal wurde dadurch das Silent Treatment unerwartet

---

[36] Siehe Kapitel **Komplexe posttraumatische Belastungs-**
störung.

zum Segen, denn es rüttelte uns wach und machte uns auf etwas aufmerksam, das wir nicht ignorieren sollten: *Wir sind besser dran ohne Narzissten in unseren Leben.*

Aufgaben:

1) Welche Trigger hatte der Narzisst in eurer Beziehung?
2) Was waren deine Trigger in eurer Beziehung?
3) Wie *reagierte* der Narzisst auf seine Trigger?
4) Wie *reagiertest* du auf deine Trigger?
5) Wie möchtest du zukünftig im Angesicht deiner Trigger *bewusst agieren* und *nicht reagieren?*

Phase 3:
Entsorgung oder Flucht

Narzissten können in vielen Bereichen erfolgreich sein, aber ihre emotionale und psychische Unreife, ihre Unfähigkeit, im Voraus zu denken und zu planen sowie ihr Unwille, aus ihren eigenen Fehlern zu lernen, verurteilt jede Beziehung (privat oder beruflich) zum Scheitern. Ihre größte Angst besteht darin, die Kontrolle zu verlieren und von anderen verlassen zu werden. Die plötzliche Entsorgung ihrer Opfer entgegnet nicht nur der Möglichkeit, verlassen zu werden, sondern verleiht ihnen auch Kontrolle über die Gesamtsituation — zumindest glauben sie das.

Wie ich bereits erwähnte, sind die Handlungen eines Narzissten konterintuitiv und äußerst unlogisch. Warum würde jemand die Person, die ihn liebt, die alles für ihn tut und die er fürchtet zu verlieren, missbrauchen und einfach wie zerknülltes Papier wegwerfen? Er tut dies, damit er als scheinbarer *Gewinner* aus der ganzen Misere herauskommt und eine irreparable narzisstische Kränkung durch dich entgehen kann.

Narzissten *objektivieren* ihre Opfer, was es ihnen erlaubt, emotional ungebunden zu sein und einfach ihrer Wege zu gehen. Ich möchte es nicht schönreden, aber für den Narzissten sind wir z. B. nichts weiter als ein Auto. Als *Neuwagen* waren wir aufregend, erstrahlten im brandneuen Glanz und dienten ihm als treues Gefährt, um von A nach B zu kommen. Doch schon nach einer Weile verging ihm seine Aufregung und Freude an uns und wir bekamen so einige Dellen und Kratzer, die Pflege bedurften, aber zu aufwendig und kostspielig für den Narzissten wurden, um weiter in uns zu investieren. Also ging er hinaus, um sich ein neues Auto zu suchen.

Predators sind darauf programmiert, ständig auf der Suche nach neuer Beute zu sein. Somit sind auch Trennungen von Narzissten praktisch vorprogrammiert. Der Narzisst ist ein äußerst bedürftiges Individuum; sein größter Alptraum ist die Vernachlässigung seiner eigenen Bedürfnisse. Er geht dazu über, sein Opfer zu ersetzen, wenn die Befriedigung seiner Bedürfnisse nachlässt. In den meisten Fällen passiert dies, wenn du mental, körperlich und finanziell erschöpft bist. Opfer werden oft in den für sie ungünstigsten Momenten entsorgt, wenn sie von ihrem Partner Unterstützung und Beistand dringend benötigen wie z. B. während Abschlussexamen oder einer Schwangerschaft, im Todesfall eines Familienmitglieds oder im eigenen Krankheitsfall — ein offensichtliches Anzeichen ihres Mangels an Empathie. Dieser Abwurf kann auch zustande kommen, wenn du endlich gelernt hast, für dich selbst einzustehen und persönliche

Grenzen zu ziehen. Sei dir bewusst, dass sich derselbe Kreislauf mit seiner neuesten Anschaffung, d. h. eine Partnerin mit ausreichend narzisstischer Zufuhr, wiederholen wird.

Jedoch ist der Narzisst auch ein leidenschaftlicher Sammler *klassischer Autos*. Wenn du dich wieder *restauriert* bzw. erholt hast und wieder in neuem Glanz erstrahlst, mag er zurückkommen für eine erneut verrückte Spritztour auf dem Highway to Hell, während er nun seine andere Partnerin abwertet und schlussendlich entsorgt. Dies leitet dich in die Phase 4 von narzisstischem Missbrauch: *Hoovering* und *Re-Idealisierung*.[37]

Der Narzisst glaubt nicht, dass ein gut *gestriegeltes* Opfer ihm jemals *flüchten* wird. Dem Narzissten zuvorzukommen und das Machtverhältnis umzudrehen, kann dieses besessene Individuum zur Rache führen oder dem Opfer mit Selbstmord drohen, um sie zum Bleiben zu zwingen.

Den Narzissten zu verlassen, sendet ein starkes Signal an die Öffentlichkeit, genauso wie *Stille mehr als tausend Worte* aussagt, wenn du in den *No Contact* übergehst. Der verdeckte Narzisst wird am wenigsten mit dieser Situation klarkommen. Aus Angst, wie dein Handeln sein öffentliches Aussehen beeinträchtigen könnte, kreiert er eine *Schmierkampagne*[38], um deine Glaubwürdigkeit anzuzweifeln. Dieser Manipulator besitzt das Talent, Fremde miteinander zu

---

[37] Siehe Kapitel **Phase 4: No Contact und Hoovering**.

[38] Siehe Kapitel **Schmierkampagne**.

verfeinden, die sich noch nie zuvor begegnet sind. Die Anschaffung von *Flying Monkeys (dt. fliegende Affen)*[39], die Helferlein des Narzissten, um dich indirekt über Dritte zu missbrauchen und ein Auge auf dich zu halten, wenn der Narzisst nicht selbst in deiner Nähe sein kann, hilft ihm, weiter Kontrolle über dich auszuüben, ohne sich dabei die Hände schmutzig machen zu müssen. Aller Wahrscheinlichkeit nach ist diesen Leuten die dunkle Seite des Narzissten nicht bewusst. Dem ist hinzuzufügen, dass nicht jeder Narzisst Rache schwört oder eine Schmierkampagne veranstaltet, nachdem du ihm entkommen bist. Während er die Fakten für den Grund eurer Trennung modifiziert, wird er so tun, als wenn er deine Entscheidung, ihn zu verlassen, nachvollziehen kann, in der Erwartung, dass es ihm so leichter fallen wird, zu dir zurückzukommen. Das Mindeste, was er immer machen wird, ist weiter ein Auge auf dich zu halten, um zu sehen, wann der richtige Zeitpunkt gekommen ist, bei dir wieder aufzuschlagen.

Den Narzissten zu verlassen ist *Hochverrat* — eine offensichtliche Doppelmoral, denn er kann und darf dich reuelos von jetzt auf gleich wie eine heiße Kartoffel fallen lassen. Ihn zu verlassen, hinterlässt bei ihm eine klaffende narzisstische Wunde, wodurch er an sein Kindheitstrauma erinnert wird, welches ihn ungewollt und unwürdig, geliebt zu werden, fühlen lässt.

---

[39] Siehe Kapitel **Das Triumvirat des Narzissten: Apathen, Flying Monkeys und Informanten**.

Mein Partner wurde als Kind früh von seinem Vater verlassen und leugnete, genau denselben Fehler mit seinen eigenen Kindern begangen zu haben. Einmal sagte er mir, dass seine größte Angst darin bestehe, verlassen oder abgewiesen zu werden, weshalb er mächtig getriggert wurde, wenn seine Bedürfnisse nicht gestillt wurden, ganz egal, was ich dafür auf mich nehmen musste. Eines Nachts, noch recht früh in unserer Beziehung, rauchte er eine Zigarette und wollte mich dann küssen. In meinem ganzen Leben war ich einem Raucher noch nie so nahe gewesen, aber der Geruch von Zigaretten ließ mich schon immer schlecht fühlen. Es erinnerte mich zudem an meinen Onkel, der damals, in dem Haus, in dem ich als Kind aufgewachsen war, unter uns gewohnt hatte — ein Kettenraucher, der später elendig an Lungenkrebs gestorben war. Es war mir einfach unmöglich, ihn in diesem Moment zu küssen, auch wenn ich es versuchte. Als ich meinen Kopf leicht zurückneigte und sagte: „Entschuldige. Ich kann das gerade nicht. Es ist wegen der Zigaretten," machte er sofort auf dem Absatz kehrt, schwang sich in sein Auto und fuhr ohne ein weiteres Wort zu sagen davon. Er ließ mich einfach nachts im Dunkeln auf einem leeren Parkplatz völlig perplex stehen. Nur kurze Zeit später folgte dem eine Serie von Textnachrichten, in denen er mich beschuldigte, dass ich ihn zurückweisen würde. Ich versuchte ihm zu erklären, wie in aller Welt ich ihn denn zurückweisen könne, wo ich doch extra zu so später Stunde nach unserem Feierabend noch eine halbe Stunde auf ihn gewartet hatte, nur um ihn draußen zu sehen. Doch seine Angst ließ keine logische Erklärung und Fakten zu.

Ganz egal, wie sehr auch immer ich ihn liebte, nach allem, was gesagt und getan wurde und mir nach gerade einmal fünf Monaten mit ihm der erste Selbstmordgedanke durch meinen Kopf schoss, musste ich da raus. *„Nur weg von ihm! Flüchten!"* war mein Gedanke. Was mich länger in dieser Beziehung ausharren ließ, war, dass ich die Märtyrerin spielte, indem ich den Platz der *Freundin* besetzt hielt, damit keine andere Frau meine Stelle einnehmen und dies durchmachen musste. Mache bitte niemals denselben Fehler wie ich und opfere nicht dein Leben für andere in einer Situation, in der du sowieso jederzeit entsorgt werden kannst. Erinnere dich immer daran, dass *du dich zuerst selbst in Sicherheit bringen musst, bevor du andere retten kannst.*

Ist die Trennung endgültig? *Du entscheidest es.* Der Narzisst tendiert dazu, alte Zufuhr-Quellen zu *recyceln*, was so viel bedeutet wie, dass *nur du* im Stande bist, den Teufelskreis zu durchbrechen und somit die Versorgungskette zu ihm zu sprengen; d. h., den Kontakt zu ihm vollkommen abzubrechen oder auf ein Minimum zu reduzieren im Falle gemeinsamer Verantwortungen wie z. B. Kinder.

Der Narzisst mag einige Tricks auf Lager haben, um stets seinen Fuß in deiner Tür zu haben, z. B. möchte er mit dir befreundet bleiben, hinterlässt persönliche Gegenstände in deiner Wohnung oder mittels Kinder, Haustiere, Schulden, andere finanzielle Angelegenheiten wie eine Hypothek oder die jährliche Steuererklärung, oder er schiebt einfach eure Scheidung auf, indem er eure Termine *vergisst*, um die Papiere zu unterschreiben.[40]

Traumatische Bindung und kognitive Dissonanz

> *„Eines Tages werden wir lernen, dass das Herz nicht ganz richtig liegen kann, wenn der Kopf ganz falsch liegt."* — Martin Luther King Jr.[41]

„Warum bist du nicht einfach gegangen?" oder *„Sieh nach vorne!"* Wer hat dies zuvor nicht schon einmal gehört? Du magst dir sogar selbst diese Fragen gestellt haben, wie du in der Lage warst, den Missbrauch über Monate, wenn nicht sogar Jahre, zu tolerieren, und plötzlich plagten dich Schuld- und Schamgefühle. Lass mich dir eins sagen: es war nicht deine Schuld. Und ich denke, dass ich für alle hier sprechen kann, wenn ich sage, dass wir alle an diesem Punkt waren.

Der Grund, weshalb wir so lange blieben und genauso der Grund, weshalb die Genesung von einer solchen Beziehung so lange dauert, sind die *traumatische Bindung* und *kognitive Dissonanz*, welche in dieser *narkotischen* Dynamik zwischen dir und dem Narzissten entstanden sind.

---

[40] Siehe Kapitel **Phase 4: No Contact und Hoovering**.

[41] Martin Luther King Jr.: *Strength to Love, 1st Edition* (Harper & Row, 1963)

Die *traumatische Bindung (engl. trauma bond)* ist eine starke emotionale Bindung zwischen dem Opfer und dem Missbrauchenden. Diese Bindung ist besser bekannt als das *Stockholm-Syndrom*, weshalb das Zusammenleben mit einem Narzissten einer Geiselnahme gleichkommt. Es mag dich sogar mehr schockieren, zu erfahren, dass eure Beziehung dem typischen Verlauf zwischen einer Prostituierten und ihrem Zuhälter ähnelt: Grooming > Sucht > Missbrauch.

Die traumatische Bindung ist stärker bei Opfern, die bereits in ihrer Vergangenheit Missbrauch oder Vernachlässigung erlebt haben, wodurch ein Gefühl der Vertrautheit (oftmals aus der eigenen Kindheit) durch den Narzissten geweckt wird. Dieses familiäre Set-up sorgt nicht nur für die eigentliche Anziehung zu dem Narzissten, sondern sorgt auch dafür, dass du bei ihm bleibst, da du toxische Situationen als *normal* empfindest. Aus diesem Grund ist der Narzisst so verbissen, dein Vertrauen zu gewinnen, um zu erfahren, auf welcher Weise du in deiner Vergangenheit missbraucht wurdest und welche Art des Missbrauchs daher am effektivsten bei dir wirkt, um dich unter seine Kontrolle zu bringen.

Im *Nachspiel* deines Traumas bzw. im *Reenactment*, rekreiert der Narzisst deine traumatischen Erfahrungen und öffnet emotionale Wunden, die du schon lange glaubtest, geheilt zu haben oder von dessen Existenz du allein gar nichts wusstest. Opfer narzisstischen Missbrauchs sind oft noch lange nach Ende der Beziehung wie besessen von ihrem

Missbraucher. Um diese Verbindung und regelrechte Sucht nach ihm komplett zu beenden, musst du dich dazu entschließen, diese emotionalen Wunden ein für allemal zu heilen. Gesprächstherapie ist ein guter Ansatz, um alte und neue Traumata zu verarbeiten. Werden diese Wunden nicht geheilt, so besteht die Gefahr, dass du wieder einem Narzissten in die Hände fällst. Besonders dann, wenn du gerade aus einer toxischen Beziehung kommst, ist es ratsam, dir eine Auszeit zu nehmen und dich zu heilen, bevor du dich auf jemanden Neuen einlässt. Narzissten können deine Verletzbarkeit spüren und wissen ganz genau, wenn einer wie sie zuvor bereits Hand an dir angelegt hat. Dies unterscheidet dich ebenfalls vom Narzissten, der nur vorgibt, das Opfer zu sein: ein wahres Opfer nimmt sich die Zeit, um die Wunden zu heilen, wobei ein Narzisst schnell in die nächste toxische Beziehung hineinschlittert.

Aufgrund des Wechsels von Belohnung und Bestrafung, wird die traumatische Bindung *verstärkt*, je länger du bei dem Narzissten bleibst, denn dieses *Zuckerbrot-und-Peitsche-Spiel* führt zur Entwicklung *kognitiver Dissonanz*.

Kognitive Dissonanz ist das Festhalten an zwei in Konflikt zueinander stehenden Wahrnehmungen bzgl. einer Person oder Situation; d. h., du wägst ständig die *guten* und *schlechten Momente* mit dem Narzissten ab. Es fühlt sich so an, als wären *Kopf* und *Herz* nicht im Einklang miteinander. Dein Kopf sagt dir ganz klar, dass alles ein einziger Betrug ist und dass du von ihm wegbleiben sollst, während dein Herz sich nach dem Narzissten sehnt und dich glauben lässt, dass alles, was du während des Love-Bombings erfuhrst, aufrichtig war. Die kognitive Dissonanz begann somit bereits während des Love-Bombings, wo du vielleicht auch gelegentlich abweichendes Verhalten von ihm verziehen hattest, welches dir zunächst ungewöhnlich erschien, bis es zur Gewöhnung wurde. Zu einfach und zu schnell gaben wir dem Narzissten immer wieder den Vertrauensbonus und ließen die Situation im Zweifel zu seinen Gunsten ausgehen.

Wenn du dich oft dabei erwischst, „*aber*" zu sagen, dann ist dies mit hoher Wahrscheinlich ein Warnzeichen für kognitive Dissonanz. „*Er nannte mich eine Schlampe, aber am nächsten Tag kaufte er mir Blumen und entschuldigte sich bei mir.*" — „*Er hat mich betrogen, aber er sagte mir, ich sei die einzige, die er wirklich liebt.*" — „*Er schrie viel herum, aber er wurde nie handgreiflich.*"

Wir sagen uns selbst und anderen: „*Nicht alles war schlecht*" und gaslighten nicht nur uns selbst, sondern setzen unser Leben erneut aufs Spiel, sollten wir uns auf den Narzissten ein weiteres Mal einlassen. Diese Gedächtnislücke nutzt der Narzisst aus, wenn er dich an die *guten alten Zeiten* erinnert, die ihr zusammen verbracht habt.

Kognitive Dissonanz ist ein einziger *Mindfuck* und eine mächtige Entzugserscheinung in den ersten Stadien des No Contacts, was dazu führt, dass du dir nicht im Klaren darüber bist, was richtig und was falsch ist und du nach Entschuldigungen suchst, um das Unannehmbare anzunehmen.

Der *No Contact* oder *minimale Kontakt* ist wichtig, um die traumatische Bindung sowie die kognitive Dissonanz und emotionale Abhängigkeit aufzulösen und dich regelrecht zu *entgiften*. Schlussendlich wirst du die Art eurer Beziehung mit anderen Augen in einem klaren Licht sehen.

Aufgaben:

1) Was sagt dir dein Herz über eure Beziehung?
2) Was sagt dir dein Kopf über eure Beziehung?
3) Schreibe eine ehrliche Liste über die Vor- und Nachteile des Narzissten und eure Beziehung auf.

Biochemische Aspekte narzisstischen Missbrauchs

Nebst psychologischen Aspekten wie die traumatische Bindung und kognitive Dissonanz, sind viele biologische und chemische Prozesse im Gang, die deine Sucht nach dem Narzissten verstärken und aufrechterhalten.

Dopamin und *Serotonin*, die sogenannten *„Glückshormone"*, spielen eine entscheidende Rolle während der unregelmäßigen Verstärkung und rufen ein Glücks- und Belohnungsgefühl hervor — dieselben Hormone, die auch bei einer Spielsucht ausgeschüttet werden.

Oxytocin, auch bekannt als „Liebes- oder Kuschelhormon", ist ein Bindungshormon, das bei Körperkontakt und Sex ausgeschüttet wird. Es mindert Angstgefühle in romantischen Bindungen.

Adrenalin, Noradrenalin und *Cortisol* werden in Stresssituationen aktiv.

Es ist offensichtlich wie diese Hormone im Missbrauchskreislauf in ständiger Wechselwirkung zueinander agieren und dich über kurz oder lang physisch (wie auch psychisch) aus dem Gleichgewicht bringen. Dieser hormonelle Cocktail ist *geschüttelt, nicht gerührt.* Der Narzisst ist unberechenbar und sorgt dafür, dass deine physischen Reaktionen von einem auf den anderen Moment innerhalb eines Augenzwinkerns auf- und abgehen. Narzisstische Beziehungen werden nicht ohne Grund auch als eine wilde Berg-und-Tal- oder Achterbahn-Fahrt bezeichnet; ein emotionales Schleudertrauma, das dich hilflos, schwach und verwirrt fühlen lässt.

Des Weiteren wurde bestätigt, dass narzisstischer Missbrauch zu Hirnschäden führen kann. Psychologischer Missbrauch wirkt sich auf dieselben Hirnbereiche aus wie körperlicher Missbrauch, da er dieselben Stressreaktionen im Körper auslöst. In Folge meiner Beziehung fühlte sich mein Kopf an, als hätte mir jemand mit einem Vorschlaghammer auf meinen Schädel eingeschlagen, als mein Gehirn anfing, sich neu zu verknüpften und selbst zu heilen; ein schmerzhafter Prozess, der gut zwei Monate andauerte, aber das ist genau, was Manipulation mit dir anrichtet.

Durchgehend psychologischer Missbrauch verursacht das Schrumpfen des *Hippocampus*, der Ort des Lernens und des Kurzzeitgedächtnisses, sowie das Anschwellen der Amygdala, welche negative Emotionen wie Scham-, Schuld- und Angstgefühle auslöst. *Gaslighting* ist so effektiv, weil es das Kurzzeitgedächtnis beeinträchtigt, bevor unsere Erinnerungen ins Langzeitgedächtnis abgespeichert werden können.

Auch bekannt als *Reptiliengehirn*, ist die Amygdala zuständig für unsere Stressreaktionen (Angriff, Flucht oder Erstarrung), welche unsere Herzfrequenz und den Blutdruck erhöhen. Opfer leiden unter Dauerstress, weil sie ständig überwachsam auf der Hut sein müssen und Angst in der Nähe ihrer Missbraucher empfinden. Diese Faktoren schwächen nicht nur ihr Immunsystem, sie erhöhen auch das Risiko, lebensgefährliche Herzerkrankungen oder schlimmeres zu entwickeln.[42]

---

[42] Siehe Kapitel *Langzeitrisiken narzisstischen Missbrauchs*.

NARCOTIC LOVE

Phase 4:
No Contact und Hoovering

Das Ende ist erst der Anfang. Es klingt furchteinflö-ßend, doch mit Narzissten ist genau dies leider oft der Fall. Narzisstischer Missbrauch verläuft in einem Kreislauf inner-halb und auch außerhalb der Beziehung. Selbst nach einer unangenehmen Trennung hat der Narzisst kein Problem damit, zurückzukehren, um eure Beziehung neu aufblühen zu lassen oder um dich, genauer gesagt, zu *recyceln.* Sein Comeback hängt meistens von seiner aktuellen Zufuhr-Si-tuation ab. Der Narzisst *objektiviert* seine Partner und Ex-Partner und macht sie so zu seinem *Besitztum.* Seine Fähig-keit, die schlechten Erinnerungen und Emotionen in eine Schublade wegzuschließen und zu kompartimentalisieren wie auch sein eingebildeter Anspruch auf dich und deine Zu-fuhr, erlauben es ihm, zurückzukehren, als sei nie etwas Dramatisches zwischen euch vorgefallen; ohne auch nur ein einziges Zeichen der Reue will er dort weitermachen, wo ihr aufhört habt.

Phase 4 des narzisstischen Missbrauchs ist bekannt als *Hoovering,* benannt nach den amerikanischen Staubsaugern der Marke *Hoover*, und genauso wie ein Staubsauger, will der Narzisst dich in die Beziehung *zurücksaugen*.

Die Heilung von narzisstischem Missbrauch dauert in den meisten Fällen länger als die Beziehung selbst. Der Narzisst ist sich dessen bewusst und welchen Schaden er dir zugefügt hat, da es sicherlich nicht sein erstes Rodeo war. Er weiß ganz genau, dass du noch anfällig gegenüber seiner Verführung und seines Love-Bombings bist, weshalb der *No Contact* oder *minimale Kontakt*, die Errichtung eines Unterstützungssystems[43] und deine Heilung von Traumata unerlässlich sind, um seine Versuche, dich nochmals in seinen Kaninchenbau zu locken, zu entgehen.

Hoover-Manöver können kognitive Dissonanz in dir hervorrufen, da der Narzisst dich mit aller Wahrscheinlichkeit an die *guten Momente*, die ihr zusammen hattet, erinnern wird oder verspricht, sich geändert zu haben. Denke daran, dass Narzissten krankhafte Lügner und Manipulatoren sind; seine himmelhohen Gefühle von Nostalgie und falschen Versprechungen sind nichts Weiteres als ein emotionales Spiel, um an dein Herz zu appellieren und dich in eine verletzbare Position zurückzudrängen, wo er dich ganz einfach auflesen kann.

Besitzt der Narzisst die Fähigkeit, sich zu ändern? Die Antwort lautet *nein*. Sein Mangel an Selbstreflexion und seine Verantwortungslosigkeit für sein eigenes Handeln erlauben es ihm einfach nicht. Da du aus den letzten Malen mit ihm dazu gelernt hast, wird er seine Manipulation von dir

---

[43] Siehe Kapitel **Unterstützungssystem**.

bloß *modifizieren*, damit du glaubst, dass er sich geändert hat. Hast du z. B. das letzte Mal sonderbare Textnachrichten auf seinem Handy gefunden, welche ein klares Anzeichen für Untreue waren, so wird er sich beim nächsten Mal einfach ein zweites Handy anschaffen, das er komplett vor dir versteckt wird.

Zu oft hat mich mein Partner beschuldigt, dass ich ihn ablehnen würde, bis ich eines Tages genug von seiner Paranoia hatte und ihm klarmachte, dass er nicht wissen wolle, wie es wäre, wenn ich dies wirklich tun würde: *„Du wirst nichts mehr von mir hören. Du wirst mich nicht mehr sehen. Du wirst glauben, ich wäre tot."* Ich hatte absolut keine Absichten, unsere Beziehung zu beenden, bis ich merkte, dass sie mein Leben bedrohte. Unwissentlich zu der Zeit sprach ich darüber, in den *No Contact* überzugehen.

Wenn du es schaffst, alle oder möglichst genug Verbindungen zum Narzissten zu kappen, so gewinnst du die Macht und Kontrolle über dein eigenes Leben zurück und kannst dir den Raum und die Zeit schaffen, dich zu heilen und deinen eigenen Weg zu gehen. Die *No-Contact*-Regel ausführen bedeutet, ihn auf sämtlichen Kommunikationsgeräten, Social-Media-Plattformen und in E-Mail-Postfächern zu blockieren, aufzuhören, sich über ihn zu informieren und leider auch den Kontakt zu allen, die sich weiterhin mit ihm assoziieren wollen, abzubrechen.[44]

---

[44] Siehe Kapitel ***Das Triumvirat des Narzissten: Apathen, Flying Monkeys und Informanten.***

Im Kopf des Narzissten bist du nichts ohne ihn. Mein Partner wollte, dass ich genau dies glaubte, während meine langjährige Unabhängigkeit und meine vorherigen Erfolge für sich sprachen. Die ultimative Rache ist es, ihn einfach zu ignorieren und dein Leben in vollen Zügen zu genießen; wenn du ihm zeigst, dass du auch ohne ihn glücklich sein kannst und zufrieden und erfolgreich deines Weges gehst, erträgt er dies nicht, da du nun offensichtlich ohne ihn auskommst und sogar besser dran bist. Natürliche Abwehrmittel gegen Narzissten sind, sich zu heilen und lernen, feste Grenzen zu setzen.

Gelegentlich führen Narzissten Hoover-Manöver aus, um nicht wirklich wieder mit dir zusammenzukommen, sondern einfach nur, um dich zu necken und weiterhin einen emotionalen Einfluss auf dich zu haben. Wie bereits gesagt, sind sie nur darauf aus, Macht und Kontrolle auszuüben und ihr Ziel besteht allein darin, deine Emotionen zu kontrollieren. Während ich anfänglich noch sehr eingeschüchtert war, so konnte ich später im Laufe meines Heilungsprozesses über dieses dumme Katz-und-Maus-Spiel einfach nur noch lachen. Narzissten sind nun mal wie kleine Kinder, die gerne Guck-guck spielen wollen. Trotzdem sollte man sie nicht unterschätzen. Ihr Durchhaltevermögen und ihre Besessenheit von ihren Partnerinnen, verleiten sie oft dazu, zu Stalkern zu werden und dies kann zu gefährlichen Situationen führen. An dieser Stelle musst du dich auf deine Intuition verlassen. Ich empfehle dir, jegliche Begegnungen, unwillkommenes

Verhalten oder Belästigungen sowie mögliche Zeugen schriftlich festzuhalten und dir bei der örtlichen Polizei oder Beratungsstelle Hilfe zu suchen.

Sollte *No Contact* für dich keine Option sein, da ihr das gemeinsame Sorgerecht für eure Kinder habt, so ist *minimaler Kontakt* die bessere Alternative, d. h. für dich, den Kontakt zwischen dem Narzissten und dir auf das Nötigste zu beschränken. Der Kinder wegen in einer toxischen Beziehung zu bleiben, ist keine Option, da der Missbrauch von dir auch sie indirekt beeinflussen wird oder im schlimmsten Falle werden sie ebenso zur direkten Zielscheibe. Kommunikation durch Dritte, die als Vermittler wirken, ist zu empfehlen wie z. B. Anwälte, *vertrauenswürdige* Freunde oder Familienmitglieder. Des Weiteren gibt es Applikationen und Online-Dienste wie z. B. *OurFamilyWizard*[45], die bei der Kommunikation zwischen dir und deinem Ex-Partner während der Trennung oder Scheidung und der Ausführung eures gemeinsamen Sorgerechts behilflich sein können.

Viele Opfer scheuen sich davor, den Kontakt komplett zu ihrem Partner abzubrechen, da sie Angst haben, den Narzissten damit zu *verletzen*. Dieser Irrglaube wird durch konstantes Grooming und deiner traumatischen Verbindung zu ihm herbeigeführt. Die Frage lautet nicht *„Füge ich dem Narzissten durch mein Handeln Schmerzen zu?"*, sondern *„Wie viel Schmerz kann ich selbst noch ertragen?"* Der Nar-

---

45 OurFamilyWizard *www.ourfamilywizard.com*

zisst liebt es, sich ein Hintertürchen offen zu halten, indem er dir weiterhin *Freundschaft* vorspielt, damit er kommen und gehen kann, wie es ihm beliebt. *No Contact* oder *minimaler Kontakt* sind keine Aktionen, um dem Narzissten Schmerz und Leid zuzufügen oder um ihn zu bestrafen, sondern dienen dazu, sein negatives Handeln dir gegenüber abzustellen, indem du ihm deine Aufmerksamkeit entziehst. Anders als das Silent Treatment dient der No Contact deiner Genesung und deines Selbstschutzes, um schlussendlich die Macht und Kontrolle über dein eigenes Leben zurückzuerlangen.

Survivors narzisstischen Missbrauchs verglichen den No Contact mit einem *kalten Drogenentzug*. Statistiken haben bewiesen, dass Opfer im Schnitt sieben Mal zu ihrem Missbraucher zurückkehren, bis sie sich endgültig von ihm lösen können; der Missbrauch wurde dabei mit jedem Mal schlimmer.

Trete nicht mit dem Narzissten in Kontakt, um nach Antworten zu suchen, ganz gleich wer die Beziehung beendet hat. Keine dieser Antworten wird dich je zufrieden stimmen. Auch bist du dem Narzissten keinerlei Erklärungen schuldig, solltest *du* ihn verlassen haben. Du hast ihn zuvor sicherlich etliche Male um Veränderung und Besserung gebeten, wieso sollte er es also jetzt einsehen? Ich sagte ihm lediglich, dass ich *genug* von ihm hatte, als ich mich von ihm trennte, und drehte mich dann um, da ich genau wusste, dass alles Weitere aus seinem Mund eine blanke Lüge sein würde.

Umarme die Phasen der Trauer auf deinem Weg zu Heilung und Freiheit. Ein Tagebuch kann dir als Begleiter behilflich sein, um deine Gedanken und Gefühle im Heilungsprozess zu sammeln, zu sortieren, zu filtern und zu verstehen, und dich ebenfalls davon abhalten, mit deinem Ex-Partner wieder in Kontakt zu treten.

Letztendlich wird dein Schweigen Bände sprechen. Die Macht und Kontrolle des Narzissten, die er über dich ausübt, kann nur dann überleben, wenn du ihm deine Aufmerksamkeit und Emotionen schenkst. Der No Contact lässt den Narzissten nach deiner fehlenden Aufmerksamkeit lechzen und sendet ein starkes Signal an die Leute um euch herum aus.

Der Narzisst liebt es zu provozieren, wenn er von dir nicht die ersehnte Reaktion erhält. Solltest du ihm zufällig irgendwo begegnen oder solltest du mit ihm interagieren müssen, so wende die sogenannte *Gray-Rock-Methode* an, indem du dich ihm gegenüber — wie ein *grauer Stein* — so langweilig und desinteressiert wie möglich gibst, um seine Provokationen ins Leere laufen zu lassen.

Du magst dich wundern: „*Wo bleibt mein Hoover?*" und fühlst dich vielleicht in einer Art gekränkt oder gar beleidigt. Wenn ein Narzisst hoovert, ist dies kein Kompliment. Es bedeutet, dass er dich weiterhin für naiv, schwach und dumm genug hält, ihm eine weitere Chance zu geben. Sollte der Narzisst dich nicht hoovern, dann hast du ihm womöglich klar und deutlich gemacht, dass er mit dir nicht mehr rumspielen kann, auch wenn er dies natürlich nicht zugeben wird. Gegebenenfalls ist er vielleicht auch gerade mit einer anderen beschäftigt, was ihm zu viel von seiner Zeit und Energie raubt — besonders während des Love-Bombings. Im letzteren Fall beschützt der No Contact nicht nur dich selbst, sondern auch seine derzeitige Partnerin vor der *Post-Trennungstriangulation*. Die neue Partnerin vor dem Narzissten zu warnen, erweist sich als sinnlos, da sie in gleicher Weise wie du anfangs manipuliert wird. Aufgrund deiner Stille wird der Narzisst jedoch nicht in der Lage sein, sein typisches Spiel abzuziehen und dich als seine verrückte Ex zu titulieren, die noch immer von ihm besessen ist. Dein Stillschweigen sendet indirekt eine Warnung an seine neue Partnerin aus und wird sie hoffentlich zum Nachdenken anregen, was denn da wirklich zwischen dir und ihm vorgefallen ist.

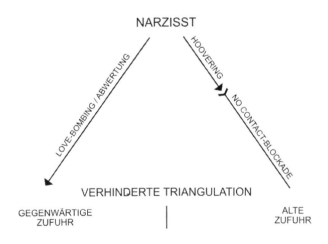

Arten des Hooverings

Direkte physische Annäherung oder Nahestehen.

Schriftliche Kommunikation: Briefe, E-Mails oder Textnachrichten.

Direkte Telefonanrufe oder Anrufe mit unterdrückter Telefonnummer / Anruferidentität.

Online: Kommentare oder Posts (oft mit verschlüsselten Botschaften, die nur du verstehst), Kontakt durch falsche Profile.

Über Dritte: Freunde, Familienmitglieder, Arbeitskollegen oder Flying Monkeys.

Zustellung ungewollter Geschenke (besonders an Feiertagen).

Hinterlassen von Gegenständen, sodass er dich fragen kann, die Dinge Monate später abzuholen oder ihm zuzusenden.

Falsche Entschuldigungen, Versprechen, sich geändert zu haben oder eine plötzliche Erleuchtung bzw. Epiphanie.

Finanzkrisen, Schulden, gemeinsame finanzielle Verpflichtungen oder steuerliche Angelegenheiten.

Das Simulieren falscher Krankheiten oder echte Krankheiten.

Erpressung z. B. die Veröffentlichung intimer Details, durch Anwälte, durch das Gericht oder Selbstmord.

Gründe für den No Contact oder minimalen Kontakt

Wiedererlangen und Beibehalten der eigenen Macht und Kontrolle.

Selbstschutz und zum Schutz anderer.

Wiedererlangen und Beibehalten geistiger, emotionaler und körperlicher Gesundheit.

Um dich zur besten Version deiner Selbst zu entwickeln.

Gründe für den No Contact oder minimalen Kontakt

Auflösung von Dissoziation, kognitiver Dissonanz und der traumatischen Bindung.

Ungestörtes Nachgehen von Freundschaften, Interessen, Aktivitäten und Karrieren.

Vermeiden von Post-Trennungstriangulation.

Schritte zum No Contact oder minimalen Kontakt

Blockiere den Narzissten auf sämtlichen Kommunikationsgeräten und Online-Plattformen; suche den Narzissten nicht auf Social Media oder anderswo auf, um dich über ihn zu informieren.

Vermeide den Kontakt zu Personen, die sich weiterhin mit ihm assoziieren und sein Verhalten gutheißen.

Informiere deinen Arbeitgeber, die Personalabteilung und vertrauenswürdige Arbeitskollegen über deine Situation, falls ihr zusammen arbeitet.

Beseitige alle Besitztümer des Narzissten aus deiner Wohnung; gebe ihm keine Chance zurückzukommen.

Nutze die Gray-Rock-Methode, wenn du mit ihm kommunizieren musst.

Nutze Dienste wie OurFamilyWizard oder vertrauenswürdige Vermittler, um mit ihm zu kommunizieren oder das gemeinsame Sorgerecht zu organisieren.

Behalte Beweise und führe eine Liste verdächtigen Verhaltens in einem Kalender oder Tagebuch.

Sende einen No-Contact-Brief zum Narzissten per Einschreiben, um den Kontaktverbot deutlich zu machen (jeder Kontakt danach kann als Belästigung betrachtet werden).

Frage zuständige Behörden um Hilfe und beantrage eine einstweilige Verfügung, falls nötig.

Schmierkampagne

Das Leben des Narzissten basiert auf einem einzigen Lügengespinst über sich selbst und die Leute um ihn herum; des Weiteren belügt er sich damit nur selbst, um nicht gezwungen zu sein, dem Verlierer in die Augen sehen zu müssen, der er nun mal ist. Seine *Schmierkampagnen* dienen lediglich zwei Gründen: die Diffamierung seines Opfers und Hüterin der Wahrheit sowie die Aufrechterhaltung seiner Fassade nach außen vor allen anderen und seinem Gefolge.

Der Narzisst war abhängig von deinem positiven Image, um sein eigenes zu generieren — eine Eigenschaft und ein Vorteil deinerseits, für die du vorrangig ausgewählt wurdest. Deine plötzliche Flucht aus der Beziehung riskiert, dass sein wahres Gesicht offenbart wird. Die Schmierkampagne hilft ihm dabei, deine Glaubwürdigkeit in der Öffentlichkeit zu zerstören und dich von einem Unterstützungssystem aus Familienmitgliedern, Freunden oder Arbeitskollegen etc. zu isolieren, die er selbst in der Vergangenheit ebenfalls vor dir schlecht geredet haben mag. Das Herunterspielen oder gar komplette Dementieren deiner Erlebnisse zeigt nur weiter, wie falsch eure ganze Beziehung doch war.

Um dich für jemand anderen entsorgen und sicher zum nächsten Zielobjekt übergehen zu können, ohne dabei seine Maske zu verlieren, muss der Narzisst eine *präventive* Schmierkampagne ausführen. Präventive Schmierkampagnen können bereits früh während der Abwertung stattfinden, wenn sich der Narzisst auf die Suche nach neuer Beute begibt. Indem er sich als das Opfer in eurer Beziehung ausgibt, rührt er ein empathisches Zielobjekt zu Tränen und ist infolgedessen gewillt, ihn vor dem Biest zu Hause (das bist du) zu beschützen. Leider glauben leichtgläubige Menschen oftmals die Geschichte der ersten Person, ohne die Gegenseite zu hören. Daher ist es auch genauso sinnlos, neue Zielobjekte oder Opfer zu warnen und sollte strengstens vermieden werden; es lässt dich nur hysterisch erscheinen und dein Verhalten unterstützt die Lügen, die der Narzisst über dich im Umlauf gebracht hat. Als ich meinen Partner kennenlernte, wollte er mich glauben lassen, dass seine angeblich *platonische Freundin* verrückt und besessen von ihm gewesen sei, bis zu dem Punkt, dass ich um mein Leben fürchtete. Nach unserer Trennung grub ich eine alte Textnachricht von ihr aus, die er an mich weitergeleitet hatte, um ihren Wahnsinn zu beweisen. In jener Nachricht drückte sie ihren Schmerz aus und dass sie sich wie „entsorgt" von ihm fühlte — ein Schlüsselwort, das mir im Nachhinein unmissverständlich zeigte, dass sie nicht nur mehr als eine platonische Freundin von ihm war, sondern sich in der Entsorgungsphase befand; offensichtlich führte mein Partner eine präventive Schmierkampagne aus, um mich zu manipulieren, ihn vor ihr zu retten. Ein Anzeichen, dass du irgendwann einmal eine Schmierkampagne gegen dich erleben wirst, erkennst du daran, wie der Narzisst über seine derzeitige und früheren Partnerinnen spricht.

Eine machtvolle Taktik, um seinen Lügen mehr Glaubwürdigkeit zu verleihen, ist es, wenn er eine positive Aussage über eine Person vor der negativen voranstellt. *„Sie hat ein großes Herz, aber sie ist psychisch labil"* oder *„Sie ist eine gute Mutter, aber sie hat ein Alkoholproblem"* oder gar *„Sie ist eine tolle Person und wir wären noch immer zusammen, wäre sie nicht so missbrauchend."* Somit schlüpft der Narzisst nicht nur in die Opferrolle, sondern gibt sich weiterhin liebend, fürsorglich und voller Mitgefühl und Vergebung seiner (Ex-)Partnerin gegenüber. Nachdem ich meinen Partner verlassen hatte, erzählte er anderen: *„Ich verstehe ihre Entscheidung,"* während er de facto rein gar nichts von alledem verstand. Dieses Verhalten mag nicht nur nahe Verwandte und gemeinsame Freunde für dumm verkaufen, sondern auch Therapeuten und das ganze Gerichtssystem, die dann zu seinen Gunsten entscheiden.

Als Daumenregel gilt: *Wenn der Narzisst dich nicht länger kontrollieren kann, dann wird er kontrollieren, wie dich andere wahrnehmen.* Die besten Ratschläge, die mir in diesem Fall gegeben wurden, waren: *„Schlaue Leute werden ihn durchschauen"* und *„Du willst mit denjenigen, die sich weiterhin mit dem Narzissten einlassen, sowieso nichts zu tun haben."* Die Schmierkampagne des Narzissten wird dir zeigen, wer deine wahren Freunde sind und auf wen du dich verlassen kannst.

Um eine Schmierkampagne erfolgreich zu kontern, bleib einfach so wie du bist. Es mag dir anfänglich schwer fallen, da du reagieren und dich verteidigen willst, aber schlussendlich werden deine Gleichgültigkeit, Beständigkeit und Verbesserung deiner Lebensumstände zu seinem Kryptonit, denn du wirst im Widerspruch zu seinen Lügen leben, die er nicht aufrechterhalten kann, wenn du im neuen Glanz erstrahlst.

Falsche Opferrolle

Narzissten *spielen* das Opfer, um als unschuldig zu gelten, jedoch gibt es Anzeichen in ihrem Verhalten, mit denen sie sich verraten. Hier findest du eine Liste von Beispielen, die das Verhalten von *wahren* und *falschen* Opfern narzisstischen Missbrauchs vergleicht.

Wahres Opfer	Falsches Opfer
Allgemein verändertes Verhalten, das abweichend oder widersprüchlich zum regulären Charakter der Person ist; die Person ist nicht mehr die, die sie einst war, bevor sie den Narzissten kennenlernte; die Person hat das negative Verhalten des Narzissten angenommen	Verhält sich, als sei nichts passiert
Unkontrollierbare Weinkrämpfe mit geschwollenen Augen	Emotionslose Krokodilstränen ohne geschwollenen Augen, die er an- und ausstellen kann
Reizbarkeit und Unruhe	Wut

Wahres Opfer	Falsches Opfer
Panik- und Angstattacken; schnell alarmiert aufgrund von Triggern; extreme Wachsamkeit; furchterfüllt; Stressreaktionen wie Angriff, Flucht oder Erstarrung; mag paranoid erscheinen; Gefühl von Unsicherheit	Ruhig und gesammelt, selbst wenn er über seine Opferrolle spricht
Aufschreckend bei plötzlichen Geräuschen oder wenn Leute den Raum betreten	Ruhig und neugierig
Sucht nicht nach Mitleid und Sympathie, sondern Unterstützung und leistet Aufklärungsarbeit	Sucht nach Mitleid und Sympathie von vielen beliebigen Leuten; spielt „armes Ich" für Aufmerksamkeit und um neue Zielobjekte anzuziehen
Warnt andere, indem sie die Wahrheit offenbart	Verbreitet Gerüchte und lästert über die andere Person (siehe Schmierkampagne)
Ruhig; über-nachdenklich	Äußerst gesprächig
Trifft weiterhin Entscheidungen basierend auf der Meinung und Bestätigung ihres Missbrauchers (aufgrund von Verwicklung)	Sieht Dinge nur aus seiner Sicht und macht, was auch immer er will
Hat Schwierigkeiten, ihren eigenen Weg zu gehen; anhaltend zwanghaftes Denken an den Missbraucher (aufgrund der traumatischen Bindung); muss die Situation im ganzen verstehen können	Zieht schnell weiter, indem er entweder nach neuer Beute sucht oder in eine neue Beziehung rast

Wahres Opfer	Falsches Opfer
Fühlt sich weiterhin verbunden (aufgrund der traumatischen Bindung); ist mehr mit den Gefühlen und dem Wohlergehen der anderen Person beschäftigt als der eigenen; sucht ständig nach Entschuldigungen für das Verhalten der anderen Person	Interessiert sich nicht dafür, wie sich die andere Person fühlt, sondern fühlt sich selbst beleidigt und betrogen
Voller Zweifel über den Ausgang der Beziehung; viele „Ja, aber..."-Gedanken; mag sich schuldig und reuevoll fühlen und die Schuld und Verantwortung übernehmen (aufgrund kognitiver Dissonanz)	Hat keinerlei Zweifel; beschuldigt die andere Person; zeigt üblicherweise keine Zeichen der Schuld, Reue oder Verantwortung
Liebt den Missbraucher weiterhin oder fühlt rein gar nichts mehr	Verabscheut die andere Person, gibt aber vor, es nicht zu tun
Depressiv; isoliert sich	Entspannt; geht unter Leute
Dissoziiert; verwirrt; unfähig einen klaren Gedankengang auszudrücken	Gegenwärtig und redegewandt
Traumatisierter Gesichtsausdruck; leere oder dumpfe Augen, die ihr Strahlen verloren haben; Ausdruck wie ein Reh im Scheinwerferlicht	Siegerlächeln
Selbstgespräche; wiederholt echte und ausgedachte Streitgespräche in ihrem Kopf	Schreibt die Geschichte der Beziehung neu
Vernachlässigt Freunde, Familie, Karriere, Ziele, Hobbys, soziale Aktivitäten, die eigene Gesundheit oder persönliche Hygiene	Verbindet sich mit alten Freunden oder Zielobjekten wieder

Wahres Opfer	Falsches Opfer
Emotional und körperlich erschöpft; geschwächtes Immunsystem; chronische körperliche Schmerzen oder Anspannungen; extremer Gewichtsverlust oder -zunahme und Essstörungen	Hellwach, emotional und körperlich unverändert
Ungewöhnlicher Kaufrausch aus Stress oder Emotionen heraus	Unverändertes Finanzverhalten; üblicherweise weiterhin schlechter Umgang mit Finanzen
Fängt an, Drogen oder Alkohol zu konsumieren	Unverändertes Suchtverhalten; mag wieder das Trinken anfangen, wenn er ein trockenes Opfer spiegelte
Selbstverletzung, Selbstmordgedanken oder Selbstmordversuche	—
Nimmt sich Zeit, um zu heilen; geht in Therapie	Sieht nichts an sich, was Besserung bedarf

Was sie sagen und was sie damit meinen

In *verschlüsselten Nachrichten* erzählen dir Narzissten üblicherweise genau, wer sie sind und was sie mit dir im Laufe der Zeit anstellen werden. Wenn sie über andere Personen negativ sprechen, ist dies oftmals eine Projektion ihrer selbst. Aus meiner persönlichen Erfahrung heraus, kommst du der Wahrheit schneller auf die Schliche, wenn du einfach das Gegenteil von dem glaubst, was dir erzählt wird; achte dabei ganz genau auf alarmierende Stichworte und leere

Floskeln wie z. B. „*ehrlich gesagt*", „*ist doch nichts dabei*", „*ganz zwanglos*", „*ganz ohne Hintergedanken*" oder „*es schadet ja keinem*". Ebenfalls alarmierend ist es, wenn dir jemand bereits bei der ersten Verabredung zu viele Informationen von sich offenbart oder aber ins andere Extrem verfällt und nur sehr wenig über sich selbst preisgibt. Seine Aussagen zu entschlüsseln, kann dir rechtzeitig sehr viel Ärger ersparen.

Hier sind ein paar geläufige Beispiele (die Wortwahl kann variieren), was Narzissten sagen und was sie wirklich damit meinen.

„*Du kannst mir alles erzählen.*"
Übersetzung: „Ich muss deine tiefsten Geheimnisse herausfinden, um zu wissen, wie ich dich am besten ausnutzen und missbrauchen kann."

Narzissten sorgen dafür, dass du ihnen vertraust, um wertvolle Informationen über dich und deine Verletzbarkeit zu sammeln, und um somit den besten Weg zu finden, dich auszunutzen und zu zerstören.

„*Ich sorge mich um dich.*"
Übersetzung: „Ich sorge mich nur um mich selbst und will, dass du es auch tust."

Die vermeidliche Liebe und Fürsorge des Narzissten werden nicht durch seine Handlungen und Taten bestätigt. Narzissten sorgen sich um niemanden außer um sich selbst, und selbst das häufig nicht in bester und gesündester Art und

Weise. Ihr Ausdruck von Sorge und Mitgefühl soll dir lediglich ein falsches Gefühl von Sicherheit vermitteln; am deut-
lichsten wird es während des Love-Bombings und des Hoo-
verings.

„Du hast mich völlig umgehauen." oder „Du hast mein Herz im Sturm erobert."

*Übersetzung: „Du hast meinen Test bestanden —
eine sorgfältige Analyse, ob du meine unersättlichen
Bedürfnisse befriedigen kannst."*

Hüte dich vor unkreativen Sprüchen, schnellen Liebesbe-
teuerungen und solch überromantischen Floskeln wie *„Du
hast mein Herz im Sturm erobert," „Wir sind Seelenverwandte"* oder gar ein zu frühzeitiges *„Ich liebe dich,"* wenn
ihr euch gerade erst kennengelernt habt. Vielleicht trägt er
sein Herz auf der Zunge, aber schreite mit Vorsicht voran,
denn weder er kennt dich gut genug noch du ihn. Die Zeit
wird euch zeigen, ob ihr wirklich *wie geschaffen füreinander*
seid.

„Du vervollständigst mich." oder „Wir ergänzen uns."

*Übersetzung: „Ich bin ein Energievampir ohne eigene
Identität und werde dich aussagen." oder „Ich bin
wirklich nichts ohne dich."*

Narzissten sind *Chamäleons* und *Gestaltwandler* ohne eigene Identität. Sie verändern und kreieren sich immer wieder
aufs Neue als Mittel zur Manipulation, um zu überleben. Ihr

parasiten- und nomadenhafter Lebensstil lässt ihnen keine andere Wahl, als sich den Identitäten ihrer Partner anzupassen und sich deren anzunehmen, um sich so möglichst schnell zu binden und eine Illusion der Seelenverwandtschaft aufzubauen. Wenn du dich mit dem Narzissten *verwickelst* und somit zu einer Erweiterung seiner Identität wirst, wirst du dich in diesem Prozess langsam selbst verlieren.

„Ich habe nichts zu verbergen.“

Übersetzung: „Ich bin nicht vertrauenswürdig, aber ich will, dass du dies glaubst.“

Der Narzisst mag dir wie ein offenes Buch vorkommen und dir gar sein Handy-Passcode geben, da aber die Täuschung anderer so tief in ihm steckt, weiß er genau, wie er gewisse Informationen filtern oder gänzlich vor dir verbergen kann. Wenn er jedoch mit offensichtlichen Beweisen konfrontiert wird, greift er auf Gaslighting zurück, lügt dir unverfroren ins Gesicht oder streitet die vor ihm liegenden Fakten einfach ab, was nicht selten in einer Episode narzisstischer Wut ausartet, um dich einzuschüchtern und den Fall schnell ad acta zu legen.

„Lass uns zusammenziehen!“

Übersetzung: „Wenn ich mit dir zusammen lebe, kann ich Geld sparen und dich besser kontrollieren.“

Wie bereits erwähnt, ist der Narzisst wie ein Blutegel, der ein parasiten- und nomadenhaftes Leben führt. Daher ist es auch nicht ungewöhnlich, wenn er bereits in den ersten Wochen oder gar Tagen in eurer Beziehung vorschlägt, zusammenzuziehen. Er entgeht so nicht nur einer miserablen häuslichen Situation, der Obdachlosigkeit oder seiner derzeitigen Partnerin, sondern es gibt ihm auch direkt die Gelegenheit, größere Macht und Kontrolle über dich auszuüben. Leider führt dessen Verführungstalent oft dazu, dass Opfer glauben, sie hätten genug einer Grundlage und Potenzial geschaffen, um diesen enormen Schritt zu wagen und enden dann damit, die Miete, Lebensmittel und täglichen Hausarbeiten allein zu tragen. Durchschnittlich warten Paare in gesunden Beziehungen sechs bis zwölf Monate oder gar länger, bevor sie diesen Schritt überhaupt erst in Betracht ziehen. Dieselbe Vorsicht gilt für eine rasche Eheschließung.

"Bist du bereit, das Risiko einzugehen, dass dir wehgetan wird?"

Übersetzung: "Ich werde dir wehtun, aber das weißt du noch nicht."

Diese Frage mag zunächst romantisch klingen, wenn wir uns nostalgisch an unsere Lieblingslieder erinnern, die uns ständig daran erinnern, dass Liebe wehtut. Der Narzisst meint es allerdings ernst.

„Meine Ex ist verrückt!"

Übersetzung: „Ich habe sie verrückt gemacht. Sie weiß, wer ich wirklich bin. Ich tue alles dafür, dass ihr niemand glauben wird."

Der Narzisst lebt im ständigen Opfer-Modus. Er lenkt jegliche Schuld und Verantwortung von sich ab und stellt sich selbst als das Missbrauchsopfer dar. Seine Ex als verrückt zu denunzieren, dient nicht nur der Triangulation, sondern aktiviert auch die Sympathie in empathischen Zielobjekten. Die Empathin ist gewillt, dieser armen Seele die Liebe zu geben, die er nie erhalten hat, nur um dann herauszufinden, dass keine Liebe auf der Welt ihn jemals ändern wird. Schon bald wird er auch seine gegenwärtige Partnerin „verrückt" nennen, wenn die Dinge nicht so laufen, wie er sie gerne hätte, und er zum nächsten Opfer übergeht.

„Du hast einen furchtbaren Geschmack bei Männern." oder *„Du solltest nicht mit mir zusammen sein."*

Übersetzung: „Komme nicht mit mir zusammen. Ich bin wirklich so schrecklich."

Solche Aussagen mögen anfänglich einer narzisstischen Beziehung für Verwirrung sorgen. Während seiner anfänglichen Mitleidstour, glaubst du, dass solche Aussagen ein Resultat niedrigen Selbstbewusstseins sind anstatt eines bösartigen Wesens in ihm, das sich selbst Ausdruck verleiht. Du versuchst, sein Ego zu stärken, indem du ihm Komplimente machst, positiv zuredest oder ihm versprichst, stets an seiner

Seite zu bleiben und für ihn da zu sein. Der Narzisst mag dabei auch detaillierte Merkmale an sich kritisieren, um an deine Sympathie zu appellieren wie z. B. körperliche Mängel wie seine Körpergröße, Übergewicht oder Haarverlust.

„Ich bin nicht perfekt." oder „Wir gewöhnen uns noch aneinander."

Übersetzung: „Ich bin wie ich bin. Find dich damit ab!"
Während der Narzisst von allen Perfektion erwartet, nutzt er menschliche Unvollkommenheit als seine Entschuldigung, um mit seinem missbrauchenden Verhalten davonzukommen. Sein Missbrauch fängt meistens an, wenn er herausfindet, dass seine neue Partnerin auch nur ein Mensch mit eigenen Mängeln und Schwächen ist. Wenn du in die Phase der Abwertung übergehst, mag er dir weismachen wollen, dass der Missbrauch, der dir widerfährt, lediglich Differenzen in euren Interessen oder persönlichen Gewohnheiten sind, während ihr euch noch *kennenlernt* und aneinander *gewöhnt*.

„Ich bin *Nationalität*."

Übersetzung: „Ich nutze meine Nationalität aus, um dich davon zu überzeugen, dass unsere Streitereien lediglich auf kulturelle Differenzen basieren."
Der Narzisst mag seine Nationalität ausnutzen, um seinen Missbrauch von dir zu rechtfertigen; bspw. gelten Menschen lateinischer Herkunft als äußerst *temperamentvoll*, was aber *nicht* missbrauchend bedeutet.

„Ich bin *Sternzeichen*.“

Übersetzung: „Ich nutze mein Sternzeichen, um dich zu überzeugen, dass ich eine gute Person bin.“

Nicht nur Skorpione stechen und vergiften dich. Fische gelten zum Beispiel als die friedlichsten und empathischsten Liebhaber auf Erden, jedoch berichteten einige Survivors, dass sie Opfer narzisstischer Fische wurden. Da Narzissten gut darin sind, ein sofortiges Gefühl der Seelenverwandtschaft aufzubauen, benutzen manche ihre Sternzeichen, andere spirituelle Mächte oder das Gesetz der Anziehung, um zu erklären, warum ihr ganz eindeutig und unzweifelhaft füreinander bestimmt seid.

„Ich dachte mir, ich sollte dir *das* mitteilen.“

Übersetzung: „Es klingt, als wolle ich, dass du mir vertraust, aber eigentlich will ich dich verunsichern.“

Der Narzisst teilt Informationen, die ihn rein oberflächlich als vertrauenswürdig und loyal erscheinen lassen, will damit aber eigentlich das genaue Gegenteil erreichen und dich verunsichern. Zum Beispiel mag er dir über ein harmloses Gespräch mit einer Kollegin berichten, das er auf der Arbeit mit ihr führte. Dies dient nicht nur der Triangulation, sondern vor allem der Kontrolle deiner Emotionen, da er die Sache so drehen wird, dass er dir Eifersucht und Vertrauensängste unterstellen kann. Warum muss er dann ein angeblich harmloses Gespräch so sehr betonen? Vielleicht steckt doch mehr dahinter.

„Ich mache doch nur Spaß." oder „Ich spiel doch nur mit dir."

Übersetzung: „Ich habe keinen Spaß gemacht. Du hast schon richtig verstanden."

Das alte Sprichwort, dass in jedem Scherz ein *Körnchen Wahrheit* verborgen liegt, trifft besonders dann zu, wenn jener Scherz von einem Narzissten stammt. Was dir zunächst wie eine spielhafte Neckerei vorkommt, ist der Anfang, deine Grenzen auszutesten — verbal wie auch körperlich. Ein niedlicher Witz über dich wird bald zur Verspottung oder sonstigen verbalen Beschimpfungen. Ein süßer Klaps auf dem Po wird bald zu einem Tritt in den Allerwertesten, der dich die Treppe hinunterstürzen lässt. Es ist wichtig, die Steigerung in diesem Muster zu erkennen und dementsprechend sofort zu reagieren und Grenzen zu setzen.

„Geht es dir gut?"

Übersetzung: „Dir geht es gut."

Während der Narzisst eine paranoide und überwachsame Tendenz hat, ständig seine Umgebung im Auge zu behalten und zu analysieren, um sich selbst zu schützen, mag er diese Unsicherheit auf dich abfärben. Dich immer wieder zu fragen, ob es dir gut geht, dient ihm nicht nur, herauszufinden, wie du dich ihm gegenüber fühlst oder was du von ihm denkst, sondern versetzt dich auch in dem Glauben, dass mit dir etwas nicht stimmt, um so deine Selbstauffassung zu verzerren.

„Du hast dich verändert."

Übersetzung: „Du befriedigst meine Bedürfnisse nicht mehr."

Es ist unmöglich, unversehrt in einer toxischen Beziehung mit einem Narzissten zu verweilen und dein Verhalten und deine Gefühle deinem Partner gegenüber nicht zu verändern. Der Missbrauch hat aus dir entweder ein nervliches Wrack gemacht oder du hast ihn durchschaut und angefangen, Grenzen zu setzen, um seine Angriffe abzuwehren. Wie dem auch sei, du befriedigst die Bedürfnisse des Narzissten wie sonst gewöhnlich nicht mehr und wirst somit nicht länger seine Illusion aufrechterhalten können. Obige Aussage ist nicht nur eine egoistische Anschuldigung, sondern eine Projektion seiner selbst. Letzten Endes ist es die Veränderung des Narzissten zu seinem Schlimmsten, die automatisch eine Veränderung in dir bewirkt.

„Du hast mich missverstanden."

Übersetzung: „Du hast mich schon richtig verstanden, aber jetzt muss ich meine Argumentation ändern."

Wenn sich der Narzisst in die Ecke gedrängt fühlt, so hat er kein Problem damit, den Grund eures Streits zu ändern. Während der Narzisst stets versucht, die Geschichte in einem kindischen „Er sagt, sie sagt" neu zu schreiben, versuche immer, dich an seine Taten zu erinnern. Es ist eine gute Idee, ein Tagebuch zu führen, in dem du aufschreibst, was genau gesagt und getan wurde, um dich gegen Gaslighting immun zu machen.

„Du überanalysierst alles."
Übersetzung: „Hör auf zu graben! Meine Geheimnisse könnten aufgedeckt werden."

Es ist nicht ungewöhnlich, dass Opfer narzisstischen Missbrauchs von ihren Gedanken und Zweifeln tagtäglich verschlungen werden, besonders dann, wenn Gaslighting als gängige Kontrollmethode im Einsatz ist. Wenn das auffällige Verhalten des Narzissten dich dazu verleitet, *Detektiv* zu spielen, um dem ganzen einen Sinn zu verleihen, vertraue deiner Intuition, dass du etwas auf der Schliche bist, das er vor dir versteckt halten will.

„Ich tue dies, weil ich dich liebe / mich um dich sorge."
Übersetzung: „Ich tue dies, weil ich dich kontrollieren will."

Der Narzisst will dich in dem Glauben wiegen, dass sein Missbrauch oder seine Manipulation von dir ein Resultat seiner Liebe und Fürsorge für dich ist — besonders dann, wenn du seine Absichten in Frage stellst. Ein Beispiel hierfür wäre, wenn er sich in deine finanziellen Entscheidungen einmischt. Mit seinem Rat, deinen Arbeitgeber um eine Gehaltserhöhung zu bitten, meint er nicht, *dein* Bankkonto zu füllen, sondern schlussendlich nur *seines*.

„Du machst das immer."

Übersetzung: „Ich mache das immer und du reagierst nur immer auf die gleiche Weise."

Narzissten sind unfähig, ihren Charakter und ihr missbrauchendes Verhalten zu ändern. Sie erwarten, dass du dich anpasst, während sie ihr Programm auf Wiederholung schalten und immer wieder die gleichen Reaktionen in dir hervorrufen. Deine Reaktionen anzuzweifeln, lässt dich die Hoffnung aufgeben, dass es in der Zukunft besser werden wird und somit wirst du ihm zunehmend passiver gegenüber. Dadurch schafft es der Narzisst, die volle Kontrolle zu übernehmen und zu tun und zu lassen, was auch immer er will.

„Du bist zu empfindlich / sensibel."

Übersetzung: „Deine Reaktionen zu meinen Provokationen sind gerechtfertigt. Ich führe dich an den Rand des Wahnsinns."

Anspielungen auf deine Sensibilität sind eine der häufigsten Aussagen des Gaslightings, um deine Reaktionen und Gefühle gegenüber seinen Provokationen und Angriffen anzuzweifeln. Dadurch konditioniert dich der Narzisst ebenfalls, den steigenden Missbrauch zunehmend zu akzeptieren. Deine Reaktionen zu seinem unsensiblen Verhalten und seinen Worten sind jedoch gerechtfertigt. Der Narzisst neigt dazu, deine Trigger und alten Wunden früh in eurer Beziehung ausfindig zu machen und weiß genau, welche Knöpfe er bei dir drücken muss.

„*Du erlaubst es dir nie, glücklich zu sein.*"
Übersetzung: „Ich mache dich immer wieder unglücklich, aber ich will dich glauben lassen, dass du diese klinische Depression in unsere Beziehung mitgebracht hast."

Ähnlich wie *„Du bist zu empfindlich / sensibel"* will der Narzisst dich damit glauben lassen, dass du mit deiner ständigen negativen Einstellung der Ursprung aller Probleme in eurer Beziehung bist und nicht er selbst.

„*Wenn du mich betrügst, werde ich dich verlassen.*"
Übersetzung: „Ich darf dich betrügen, aber wehe du tust es."

Warum sollte jemand zu Beginn der Beziehung Misstrauen ansprechen und mit Erpressung drohen? Weil der Narzisst dich dazu konditionieren will, ihm blind zu vertrauen und ihn als Moralapostel mit hohen Standards wahrzunehmen — eine typische Doppelmoral und Projektion.

„*Glaube, was auch immer du glauben willst!*"
Übersetzung: „Du hast Recht."

Dies ist die letzte Aussage, auf die der Narzisst zurückgreifen kann, um einen verlorenen Streit zu kontern und gleichzeitig abzubrechen, wenn er fürchtet, dass seine Lügen auffliegen könnten. Danach folgt oft das Silent Treatment; in diesem Fall auch bekannt als *Stonewalling*.

„Erinnere dich an die guten Momente, die wir zusammen hatten."

Übersetzung: „Ich will dich in meinem Teufelskreis halten oder mir eine Tür bei dir offen lassen."

In narzisstischen Beziehungen entstehen traumatische Bindungen, die die Opfer am metaphorischen Haken halten. Dich an die guten Momente zu erinnern, welche mit der Zeit immer weniger werden, trägt der kognitiven Dissonanz bei; du glaubst weiter an eine Verbesserung eurer Situation, da die guten Momente die schlechten irrtümlich überwiegen. Das Schwelgen in den guten Momenten eurer Beziehung nach dessen Zusammenfall macht es für den Narzissten einfacher, dich später zu hoovern. Ein Tagebuch während des Missbrauchs und der Heilung zu führen ist ein guter Weg, um die Realität zu verarbeiten und um kognitive Dissonanz und die traumatische Bindung aufzulösen.

„Lass uns Freunde bleiben."

Übersetzung: „Ich komme wieder für mehr."

Während es manche ehemalige Pärchen schaffen, Freunde zu bleiben, ist dies ein unmöglicher Zustand mit einem narzisstischen Ex-Partner. Narzissten halten ein Auge auf ihre Opfer und recyceln sie nach Lust und Laune. Wenn du dich dazu entschließt, mit dem Narzissten befreundet zu bleiben, hinderst du dich nicht nur daran, dich zu heilen, sondern gibst ihm auch weiterhin Zufuhr, damit er nach wie vor Macht und Kontrolle über dich ausüben kann. Dich gegen eine Freundschaft zu entschließen, alle Verbindungen zu ihm abzubrechen und in den *No Contact* überzugehen, wird dich nicht wirklich davor schützen, gehoovert zu werden, aber du wirst die Kraft besitzen und einen klaren Gedanken fassen können, diesen Hoover-Versuchen selbstbewusst entgegen-zutreten und sie nicht zu erwidern.

Das Triumvirat des Narzissten: Apathen, Flying Monkeys und Informanten

Das *Triumvirat* ist ein sehr wichtiges Werkzeug des Narzissten, um dich weiter kontrollieren zu können, ohne dass er sich dabei selbst die Hände schmutzig machen muss — besonders während des No Contacts. Diese Art der Trian-gulation und des Missbrauchs (auch bekannt als *Gangstal-king*) hinterlässt oftmals keinerlei Beweise seiner Mittäter-schaft, dich zu stalken oder anderweitig zu belästigen. Das Stalking und die Belästigung über Dritte ist jedoch gesetzlich strafbar und in vielen Ländern auch in *Kontaktverboten* und *einstweiligen Verfügungen* mit inbegriffen.

Das Triumvirat besteht aus *Apathen, Flying Monkeys* und *Informanten*. Der Begriff *Flying Monkey (dt. fliegender Affe)* stammt aus einer Adaption des Klassikers *Der Zaube-rer von Oz*[46]. Genau wie die grausame Hexe von Oz, schickt

---

[46] L. Frank Baum: *The Wonderful Wizard of Oz, 1st Edition* (George M. Hill Company, 1900)

der Narzisst seine kleinen Helferlein, um weiter sein Unwesen zu treiben und ein Auge auf dich zu halten.

Apathen sind das extreme Gegenteil von Empathen. Es mangelt ihnen wie dem Narzissten von Natur aus an Empathie und sie sind daher genauso gefährlich. Während Apathen durchaus auch Flying Monkeys sein können, möchte ich hier jedoch differenzieren und darauf hinweisen, dass nicht jeder Flying Monkey gleichzeitig ein Apath ist und damit grundsätzlich böse. Zwar schaden Flying Monkeys ebenfalls dem Opfer, jedoch befinden sie sich eher auf einem Spektrum zwischen Apathen und *Informanten*.

Informanten leiten Informationen über dich an den Narzissten weiter ohne die eigentliche Absicht, dir damit Schaden zufügen zu wollen wie z. B. in Form von Lästerei, Beleidigungen, emotionalen, verbalen oder körperlichen Missbrauch. Informanten sind häufig unschuldig und wissen so rein gar nichts über die toxische Dynamik zwischen dem Narzissten und dir. Sie sehen weder die Vor- noch Nachteile, wenn sie mit dem Narzissten über dich tratschen, sondern glauben, da steht eine Person vor ihnen, die sich weiterhin um dich sorgt. Flying Monkeys hingegen sind für gewöhnlich auf die Manipulation und Schmierkampagne des Narzissten über dich hereingefallen. In vielen Fällen und von meiner persönlichen Beobachtung her sind sie oftmals selbst ungesund und narzisstisch; somit haben Narzissten die Möglichkeit, sich gegenseitig zu bestätigen, wenn es sonst niemand tut.

Was Mitglieder des Triumvirats mit aller Wahrscheinlichkeit nicht wissen ist, dass der Narzisst auch übel über sie spricht; sie sind nichts weiter als leichtgläubige Narren, die sich für ihn zu Kriminellen machen. Hüte dich vor Personen, die der Narzisst vor dir schlecht geredet hat; sie sind die ersten, die er sich nach eurer Trennung zu seinem Gefolge macht, um dir deine Glaubwürdigkeit zu nehmen — niemals würden sie seine wahre Meinung, die er über sie hat, glauben.

Das Triumvirat besteht aus Freunden, Familienmitgliedern, Arbeitskollegen, flüchtigen Bekannten oder gar einfach dem Postboten, der die Nachrichten durchs Dorf trägt. Ganz gleich wer auch immer involviert ist, diese Situation macht es schwierig, unbekümmert weiterzuleben, da der Narzisst weiterhin wie eine schwarze Wolke über einem hängt. Auch wenn es weh tut, ist es eine gesunde Entscheidung, den Kontakt zu all jenen Leuten ebenfalls abzubrechen.

Der Narzisst nutzt das Triumvirat nicht nur, um dich weiter zu missbrauchen, sondern engagiert Dritte ebenfalls, um dich zu hoovern und dich zurück in die Beziehung zu manipulieren. Er sagt ihnen, dass er dich vermisse, dass er sich geändert habe oder findet andere unterschwellige Methoden, um sich wieder mit dir in Verbindung zu setzen. Circa sechs Monate nach unserer Trennung leitete mir ein gemeinsamer Kollege ein scheinbar unschuldiges *„Hi"* von meinem Ex-Partner an mich weiter. Ein anderer Informant und Kollege wurde dazu benutzt, Informationen über mich einzuholen, denn mein Ex-Partner manipulierte ihn, zu glauben, dass er die Sympathie besäße, zu „verstehen", warum ich ihn verlassen hatte. In seiner verdrehten Welt war ich diejenige, die einfach „nicht bereit für eine Beziehung" war. Der Narzisst muss eine Story erfinden, die für ihn funktioniert, sodass er nicht nur weiter seine Unschuld beteuern, sondern auch beruhigt in dem Glauben weiterleben kann, dass du irgendwann zu ihm zurückkehrst — in meinem Fall offensichtlich, wenn ich denke, dass ich bereit bin und mich geändert habe. Er deutete bereits bei unserer Trennung darauf hin: „Immerhin weißt du ja nun, woran du an dir arbeiten musst," sagte er ganz überzeugt. „Du kannst dich jederzeit bei mir melden, wenn du deine Meinung geändert hast — vielleicht in ein paar Monaten." ... Natürlich!

Der Zerfall des Narzissten

„Er hatte mit ihnen und dann mit sich selbst gebrochen. Ich habe niemals einen so verzweifelten und zerrissnen Menschen gesehen." — Capt. Benjamin L. Willard[47]

Opfer narzisstischen Missbrauchs fragen sich häufig, wohin das Schicksal den Narzissten schließlich führen wird, wenn er immer so weitermacht? Wie bereits zuvor erwähnt, können Narzissten im Leben durchaus erfolgreich sein, je-

---

[47] *Apocalypse Now*, Regie und produziert von Francis Ford Coppola (USA 1979)

doch sind viele von ihnen *Verlierer*. Im Reden schwingen sind sie wahre Meister, auf die aber dann keine Taten folgen.

Der Narzisst ist in seinem eigenen Teufelskreis gefangen. An einem gewissen Punkt im Leben angekommen, gesteht sich ein normaler Mensch ein, dass die großen Erwartungen von Ruhm- und Reichtum und sonstigen Erfolgen bloß Träume bleiben werden. Sam Vaknin, selbsternannter Narzisst und Autor von *Malignant Self-Love: Narcissism Revisited*[48], beschreibt diesen Mangel an Einsicht als sogenannte *Grandiosity Gap (dt. Großartigkeitslücke)*, die es dem Narzissten nicht erlaubt, der Wahrheit ins Gesicht zu blicken. Er wird immer versuchen, etwas zu erreichen, ohne sein volles Potenzial und die ihm verfügbaren Ressourcen sinnvoll einzusetzen. Viel lieber nutzt er andere Menschen zu seinem Vorteil aus, um seine Ziele zu erreichen und schreckt auch nicht davor zurück, sich trotz ihr Zutun allein für jenen Erfolg feiern zu lassen.

Natürlich muss solch eine Vorgehensweise irgendwann einmal sein Ende finden. Nachdem er alle Brücken vernichtet hat, wie kann er dann noch in der Lage sein, sein Leben aufrecht zu erhalten? Eine weise Freundin sagte mir einmal: *„Wasser kehrt immer wieder zum selben Level zurück."* Wenn dem Narzissten also die Zufuhr ausbleibt, kehrt er zu seiner Ausgangssituation zurück, da er sich selbst nicht versorgen kann. Ein höherer Status ist für ihn nicht nur unerreichbar wegen seines antisozialen Verhaltens, sondern we-

---

[48] Sam Vaknin: *Malignant Self-Love: Narcissism Revisited, Revised Edition* (Narcissus Publications, 2015)

gen seinen unrealistischen Erwartungen an sich selbst. Und wie kann er außerdem glauben, dass seine kranken Machenschaften und die Vielzahl von Opfern, die ihm einst aus der Patsche halfen, ihn nicht irgendwann zum Verhängnis werden und ihn auffliegen lassen?

Niemals in der Lage zu sein, sein wahres Ich zu zeigen, ein Leben zu führen, das auf Lügen basiert und Leute tagtäglich an der Nase herumzuführen, nimmt viel Zeit und Energie in Anspruch; Zeit und Energie, die ein jeder anderer an den richtigen Stellen investieren würde, damit sie sich positiv auszahlen und man nicht die Gefahr läuft, sich gegen Ende selbst zu sabotieren.

Wenn der Narzisst älter wird, wird er sich seiner Sterblichkeit und seiner Bedeutungslosigkeit in der Welt bewusst. Für gewöhnlich wird er zu einem grimmigen Einsiedler, der kein Problem mehr damit hat, der Welt zu sagen, was er wirklich denkt — was hat er sonst noch zu verlieren? Der rapide wachsende Verlust von narzisstischer Zufuhr führt zu seinem *Zerfall*, da der Narzisst gezwungen ist, der Realität ins Auge zu blicken. Es ist ein trauriger Anblick, auch wenn er vorherzusehen war. Manche Narzissten tauchen unter, damit sie sich vor dir nicht die Blöße geben müssen, wenn sie ihren tiefsten Punkt der Verletzbarkeit erreicht haben — ein Grund, weshalb du vielleicht nicht gehoovert wirst.

Der Narzisst hat generell ein Problem mit dem Altwerden; manche verheimlichen ihr Alter gänzlich vor der Öffentlichkeit. Sie finden Wege, um nach außen hin jünger zu wirken und glauben, dass sich selbst der Sensenmann davon täuschen lässt — seien es ästhetisch-plastische Eingriffe, das Färben der Haare, neue Aktivitäten oder ihr persönlicher Favorit, die Aneignung einer neuen Jagdtrophäe in ihren Zwanzigern, was genau mir widerfahren war. Meine Erfahrung mit einem älteren Narzissten ließ mich den Begriff *Midlife-Crisis* neu definieren. Ich glaube nicht daran. Ich glaube, bei einer Midlife-Crisis handelt es sich um einen Narzissten, der am Höhepunkt seines Zerfalls angekommen ist und eine impulsive Entscheidung nach der anderen trifft, in der Hoffnung, so seinem Schicksal zu entkommen.

Empathische Zielobjekte lesen den Narzissten meistens während seines Zerfalls auf und wollen ihn *retten* und wieder *ganz machen*; einer der Gründe, weshalb er so gut das Opfer spielen kann. Bemitleide ihn nicht! Empathen fühlen Mitleid sehr tief und verwechseln dieses Gefühl schnell mit wahrer Liebe. *Mitleid ist keine Liebe!* Wir müssen den Unterschied zwischen *Mitleid, Sympathie* und *Liebe* lernen und unser Wissen dementsprechend richtig einsetzen. *Der Narzisst ist kein Opfer.* Er ist lediglich das Resultat all seiner angesammelten Fehltritte im Leben aufgrund seines böswilligen Verhaltens und so wird er sich schlussendlich immer wieder selbst zum Verhängnis werden. *Immer!*

Der Weg durch die Herz-OP

Komplexe posttraumatische Belastungs-störung[49]

In 1985 verglich die Soziologin Mary Romero angewandte Strategien auf Kriegsgefangene und misshandelte Ehefrauen. Romero kam zu der Erkenntnis, dass beide psychologischen Missbrauch, emotionale Abhängigkeit durch unregelmäßige Verstärkung und Isolation von einem Unterstützungssystem durchlebten, was schlussendlich bei beiden zum Identitätsverlust führte.[50]

Das Leben mit einem Narzissten gleicht einem Leben in einer ständigen Kriegszone; du weißt nie genau, wann du das

---

[49] Wie bereits zuvor erwähnt, sehe ich davon ab, ein Symptom und natürliches Resultat narzisstischen Missbrauchs im erwachsenen Alter als *Störung* zu bezeichnen. Jedoch verwende ich den Begriff in diesem Kapitel, um mit den Quellen und dem Recherche-Material übereinzustimmen.

[50] Mary Romero: *A Comparison Between Strategies Used on Prisoners of War and Battered Wives; Sex Roles - A Journal of Research, Volume 13, Issue 9-10, pp. 537-547* (Plenum Publishing Corporation, November 1985)

nächste Mal auf eine Landmine treten wirst, die er strategisch im Komfort deines eigenen Heimes platziert hat — du
bewegst dich praktisch wie auf *Eierschalen* um ihn herum.
Resultierend daraus, entwickeln Opfer narzisstischen Missbrauchs wie Soldaten eine posttraumatische Belastungsstörung.

Die *posttraumatische Belastungsstörung (PTBS/PTSD)*
stammt von einem einzigen traumatischen Ereignis, welches
langanhaltende Folgen auf die mentale Gesundheit einer
Person hat.

Die *komplexe posttraumatische Belastungsstörung
(KPTBS/CPTSD)* hingegen entwickelt sich infolge einer
langanhaltenden traumatischen Situation bzw. wiederholter
traumatischer Ereignisse wie z. B. im Kreislauf toxischer Beziehungen. Während du die Symptome von KPTBS durchlei-
dest, fühlst du dich wie losgelöst von dir selbst und versuchst, deinen Weg zurück in die Normalität zu finden, die
vom Narzissten furchtbar verzerrt oder sogar komplett aus-
gelöscht wurde. Du erlebst eine *Identitätskrise*, die, wenn sie
nicht behandelt wird, zu weiteren Schäden oder gar zum eigenen Tode führen kann.

Symptome von KPTBS:
- niedriges Selbstwertgefühl
- Scham- und Schuldgefühle
- Frustration, Gefühl von Hilflosigkeit und missverstanden
  zu sein

o Depression und emotionale Abgestumpftheit

o Reagieren auf emotionale Trigger

o Durchleben der Trauer-Phasen

o Verlust von Glauben und Vertrauen in andere Leute und / oder sich selbst

o Verlust von Interesse in früheren Hobbys und Aktivitäten

o Isolation, Distanzierung, Gefühl von Einsamkeit

o Angst- und Panikattacken

o Überwachsamkeit, Sprunghaftigkeit und schnelles Aufschrecken

o (Gefühl von) Kontrollverlust

o Flashbacks und Alpträume

o Schlaflosigkeit

o Kognitive Dissonanz

o Dissoziation

o Verwirrung, Konzentrationsschwierigkeiten, Gedächtnisverlust

o Selbstverletzung, Selbstmordgedanken oder Selbstmordversuche

Viele Opfer narzisstischen Missbrauchs in erwachsenen Beziehungen tragen noch immer Traumata aus ihrer Kindheit in sich, welche der Narzisst erneut auslöste und an die Oberfläche brachte. Das erneute Öffnen alter Kindheitswunden intensivierte nur die KPTBS-Symptome, die bereits tief in den Opfern vergraben lagen.

Es ist ratsam, nach einer toxischen Beziehung Hilfe in Form von Gesprächstherapie oder anderweitiger Psychotherapie aufzusuchen, um nicht nur neues, sondern auch altes Trauma zu verarbeiten und zu überwinden. In schwerwiegenden Fällen können anderweitige medizinische Unterstützung oder Medikamente hinzugezogen werden. Persönlich hilfreich fand ich dazu Ergänzungsmittel wie 5-HTP oder Vitamin B12 sowie Tees (z. B. Pfefferminz- oder Beruhigungstee) und ausreichend Erholung, um der Angst und emotionalen Achterbahnfahrt posttraumatischer Belastung selbstständig entgegenzuwirken.

Erlaube dir, so viel Zeit wie nötig zu nehmen, um dein Trauma zu heilen. Dieser Prozess kann je nach Schweregrad, deiner eigenen Persönlichkeit und der angewandten Bewältigungsstrategien Monate, wenn nicht gar Jahre dauern, was allerdings durchaus normal ist und Geduld benötigt.

Therapie

Narzisstischer Missbrauch ist einer der seltenen Fälle, in denen *der eigentliche Patient allein gelassen wird und alle anderen in Therapie gehen.* Ich wuchs in dem Glauben auf, dass *Therapie* ein Ort ist, wo lediglich verrückte Leute hingehen, bis ich realisierte, dass es der Ort ist, wo normale Leute hingehen, um von den verrückten zu heilen und sich von ihnen zu befreien.

Das Schamgefühl, das wir während des Missbrauchs in unserer Kindheit und im Erwachsenenalter angesammelt haben, kann nicht überleben und weiter gedeihen, wenn es an die Öffentlichkeit gerät. *Die Wahrheit macht dich frei.* Dies ist unter anderem der Grund, weshalb beispielsweise die *MeToo*-Bewegung, dessen Popularität sich gegen Ende 2017 steigerte, so wichtig war. Sie beendete das Stillschweigen vieler Missbrauchsopfer; besonders in der Filmindustrie, die oft außer Kontrolle gerät, da es keinerlei Hintergrundprüfungen oder Sicherheitssysteme gibt und außerdem stets von Angst und Unsicherheit überschattet ist unter dem Leistungsdruck, erfolgreich zu sein.

Ich verließ meinen Partner, als die *MeToo*-Bewegung ihren Höhepunkt erreicht hatte und gab meinem Schamgefühl nicht auch nur die geringste Chance, mich von ihm kontrollieren zu lassen. Glücklicherweise gab mir *MeToo* die nötige Hilfe und Unterstützung, um das Chaos zu überstehen und mich in kürzester Zeit nach unserer Trennung in Therapie zu begeben — genau einen Monat nachdem ich meinen ersten Selbstmordgedanken in der Beziehung hatte. Mit 30 hatte ich endgültig genug. *Genug* von toxischen Menschen. *Genug* von dem Missbrauch. *Genug* davon, mich nicht gut *genug* zu fühlen. Ein für alle Mal! Tief in mir drin wusste ich, dass etwas nicht stimmte und mir selbst mit der gewohnten Ausrede zu kommen *„Ich bin es ja so gewohnt,"* funktionierte einfach nicht mehr. Wieso hatte ich diese merkwürdige Tendenz, so viele toxische Menschen in meinem Leben anzuziehen? *„Warum ich?",* fragte ich mich selbst. Und so wurde mir bewusst, dass ich der *gemeinsame Nenner* in all diesen Zusammentreffen war. Rückblickend war die Anzahl aller toxischen und narzisstischen Menschen, mit denen ich in den 30 Jahren meines Lebens zu tun hatte und zu denen es mich praktisch hinzog, schockierend: Familienmitglieder, Freunde, Klassenkameraden, Lehrer, Arbeitskollegen, Arbeitgeber ... die Liste wurde immer länger. Und schlussendlich lernte ich, dass der Ursprung meines Gefühls der Unzulänglichkeit und des Nicht-genug-Seins, mit dem ich mich so lange herumquälte, in meinem Schamgefühl lag, das sich seit dem Tag meiner Geburt in mir angesammelt hatte.

Die Gesprächstherapie half mir nicht nur, meine Vergangenheit zu entwirren, sondern ließ mich auch verstehen, wieso ich immer und immer wieder die roten Flaggen ignorierte, die so offensichtlich vor mir wehten, um mich zu warnen, und somit auch Missbrauch im Erwachsenenalter duldete. Ich zog tausende von Meilen über den Ozean von Europa nach Nordamerika, in dem Glauben, ich könne meinem toxischen Umfeld dadurch entkommen, in dem ich aufgewachsen war und ein ganz neues Leben beginnen, doch anscheinend schleppt man sein Gepäck (d. h. emotionalen Ballast) überall mit sich hin. Und so lernte ich mein *inneres verletztes Kind* kennen.

Traumata stecken tief in uns drin. Du kannst so tun, als sei alles in Ordnung, doch früher oder später holt dich dein Trauma ein und zeigt sich doch auf die eine oder andere Weise. Deshalb hält das Love-Bombing des Narzissten auch nicht für ewig, denn er kann nicht für immer nur so tun, als ob. Wie Bessel van der Kolk im Titel seines Buchs[51] *The Body Keeps the Score* anmerkt, vergisst der Körper nichts. Du

---

[51] Dr. Bessel van der Kolk: *The Body Keeps the Score* (Viking, 2014)

kannst kerzengerade von deiner krummen Haltung aufstehen und so spielen, als wärest du voller Selbstbewusstsein, doch selbst als gelernte Schauspielerin kann ich dir sagen, wie schwierig und erschöpfend das ganze Gehabe ist. Das funktioniert im wahren Leben leider nicht. Die Bühne ist ein sicherer Ort, auf der alles nach Drehbuch abläuft, aber da draußen leben wir in einem Dschungel mit vielen Überraschungen. Predator wissen genau, wenn du ihnen nur etwas vorspielst. Was ein Predator fürchtet, ist ein authentisches Selbstwertgefühl und wenn du dich selbst heilst und lernst, ihnen die nötigen Grenzen und die Stärke aufzuzeigen, um sie abzuschrecken — natürlich ist es noch besser, wenn du dich über sie und ihrem narzisstischen Verhalten schlau machst.

Für mich erschien die Gesprächstherapie, als würde ich einen Film mit zwei verschiedenen Zeitstrahlen anschauen. Plötzlich ergab alles einen Sinn und ich konnte die Verbindungen schließen zwischen dem Missbrauch, den ich als Kind erfuhr und später als Erwachsene. Sie half mir, die kognitive Dissonanz endgültig aufzulösen, die mich immer dazu verleitete, mich selbst mit den Worten *„Es war ja nicht alles so schlimm"* anzulügen. Doch die einfache Versorgung meiner Grundbedürfnisse als Kind hinterließ eine klaffende Leere in meinen emotionalen Bedürfnissen, denen niemals Aufmerksamkeit geschenkt worden war. Und somit wurde ich eine leichte Beute für den Love-Bomber.

Rückblickend ist es offensichtlich, wo genau unsere Verantwortung liegt. Während der Narzisst nicht gewillt und unfähig ist, Verantwortung zu übernehmen und sich selbst zu heilen, müssen wir uns doch eingestehen, dass wir irgendwie zu der Misere, wenn auch ungewollt, beigetragen haben und es dem Narzissten durch unsere Zufuhr ermöglichten, uns zu missbrauchen. Daher müssen wir Verantwortung gegenüber uns selbst und vielleicht sogar anderen übernehmen, um diesen Fehler nicht noch einmal zu wiederholen und den Missbrauch erneut nachzuspielen. *Wir können uns nur selbst kontrollieren, nicht aber andere.*

Wenn du dich also in Therapie begibst, bedeutet dies nicht, dass du verrückt bist. Es bedeutet, dass du eine Person bist, die aktiv nach Veränderung und Verbesserung in ihrem Leben sucht, was den Unterschied zwischen uns und dem Narzissten ausmacht.

Verletzbarkeiten und Grenzen

Der Narzisst hat dich missbraucht. Daran besteht kein Zweifel. Jedoch müssen wir uns selbst fragen, was *unsere Rolle* in dieser Situation war? Wie kamen wir in diese Situation? Warum sind wir geblieben und haben ihm weiterhin erlaubt, uns so zu behandeln? Und was können wir schlussendlich aus der Sache für uns mitnehmen und lernen? Der Narzisst nutzte unsere Verletzbarkeiten aus und schaffte es, dass wir unsere Grenzen fallen ließen, indem er uns groomte und nach seinem Belieben formte. Durch dieses Verfahren schaffte es der Narzisst, nach und nach Macht und Kontrolle über uns zu gewinnen. Da wir aber grundsätzlich niemanden kontrollieren und ändern können (und am allerwenigsten den Narzissten), wie schaffen wir es dann, uns selbst zu ändern und zu kontrollieren, damit wir uns selbst schützen können?

Die Wurzeln für viele unserer Fehler, die wir im Erwachsenenalter machen, liegen in unserer Kindheit begraben. Im Kindesalter wurden wir konditioniert, wie wir in unserer Umwelt zu denken, fühlen, glauben, handeln und zu reagieren haben. In Haushalten, wo reine Vernachlässigung oder Gewalt vorhanden waren, wurden unsere Grenzen immerzu übertreten. Einer der größten Irrglauben, den wir aufhören müssen, unseren Kindern beizubringen, ist *„Wenn dir jemand wehtut, bedeutet dies, dass er oder sie dich mag.“* Besonders junge Mädchen werden in die Rolle vom *„netten Mädchen“* hinein gezwungen.[52] *„Respektiere ältere Menschen,“* ist ein weiteres Missverständnis, das ein Kind dazu konditioniert, sich nicht selbst zu schützen, wenn eine ältere Person dieses brutal zu ihrem Vorteil ausnutzt. Somit wurden uns keine angemessenen Grenzen mit auf dem Weg zum Erwachsensein gegeben. Wir wurden dazu erzogen, *anfällig* und *verletzbar* zu sein und in vielen Fällen auch, uns selbst nicht genug zu lieben, um dann im späteren Leben jemandem den Rücken zuzukehren, wenn wir es hätten tun

---

[52] An dieser Stelle möchte ich folgendes Buch empfehlen:
Beverly Engel: *The Nice Girl Syndrome, 1st Edition* (Wiley, 2010)

sollen. An dem Tag, als die Maske meines Partners endgültig abfiel, hätte ich umgehend sein Apartment verlassen und mich niemals wieder nach ihm umdrehen sollen, doch ich blieb, denn die Brotkrumen von Liebe und Zuwendung, die er mir vorwarf, waren genug, um alles andere zu ertragen.

Das Wichtigste, was wir im Leben lernen müssen, ist es, *„Nein"* zu sagen. Während es eines der kürzesten Worte im Wörterbuch ist, so ist es doch das stärkste, das uns eventuell das Leben retten kann.

Der Perfektionismus und Erfolgsdrang, die mein Leben steuerten, und ihre Wurzeln in meinen Rollen als *Goldkind* und *Lehrerliebling* hatten, ließen mich oft mich selbst vergessen. Stell dir die Zeit, Energie und den Aufwand vor, die ich investierte, um es als Erwachsene allen anderen recht zu machen. Als Selbstständige in einer der emsigsten Orte der Hollywood-Filmindustrie lernte ich auf die harte Tour, nein zu sagen, ohne mich dabei schuldig zu fühlen. Fakt ist, dass *ordentliche* Leute dich mit mehr Respekt behandeln, wenn du gelernt hast, für dich selbst einzustehen. Als ich neu in der Stadt gewesen war, hatte ich für eine Filmproduktionsfirma gearbeitet mit einem Kollegen, der mich und meine Verletzbarkeiten ein ganzes Jahr lang missbraucht hatte. Während er nicht die erste toxische Person in meinem Leben gewesen war, so war er doch derjenige, der mich zum ersten Mal zum Nachdenken gebracht hatte. Wie viele andere Kollegen vor mir, hatte ich ihn bzgl. narzisstischen Missbrauchs angezeigt, was offensichtlich auch am Arbeitsplatz vorkommen kann. Ich wusste, *womit* ich es zu tun hatte und dass ich dazu geneigt war, toxische Menschen anzuziehen, jedoch wusste ich nicht *warum*.

Vier Monate nach der Anzeige meines narzisstischen Kollegen traf ich dann zufällig auf den Mann, mit dem ich meine erste feste Beziehung einging und drückte dabei lediglich auf den Wiederholungsknopf. Zu meinem eigenen Vorteil hatte mich die Erfahrung mit meinem Arbeitskollegen zuvor über den *verdeckten Narzissmus* aufgeklärt und dennoch gab ich dem anderen Mann den Vertrauensbonus, obwohl meine innere Stimme mir sagte: „*Ich glaube, er ist ein verdeckter Narzisst, jedoch bin ich mir nicht ganz sicher.*" Dieser Fehler lehrte mich, dass der Vorteil stets auf der Seite der anderen Person ist, wenn ich jemandem den Vertrauensbonus schenke und dabei meine innere Stimme überhöre. Es brauchte ganze vier Monate, bis ich in der Lage war, mir jenen Fehltritt und das Ignorieren meiner sonst zuverlässigen Intuition zu vergeben, aber letztendlich ergab alles einen Sinn.

Narzisstischer Missbrauch *kann* sich im Nachhinein als *Glück im Unglück* herausstellen. Es zeigt uns, woran wir an uns arbeiten müssen, um uns in der Zukunft besser beschützen zu können. Dies bedeutet, unsere emotionalen Wunden zu heilen, uns über unsere Verletzbarkeiten und Bedürfnisse im Klaren zu werden und persönliche Grenzen aufzubauen, die wir nie zuvor gehabt haben. All dies ist zusammengefasst unter dem Begriff der *Selbstliebe*.

Lernen, uns selbst zu lieben, mag sich anfänglich sehr unbequem anfühlen, doch müssen wir uns eingestehen, dass unsere Komfortzone noch nie wirklich bequem war. Es klingt nach einem abgedroschenen Klischee, doch wir müssen uns erst selbst lieben lernen, um in der Lage zu sein, eine andere Person lieben zu können. Der Narzisst ist erfüllt von Wut und Selbsthass gegenüber sich selbst und anderen — infolgedessen ist er missbrauchend. Er war der typische Raufbold in der Schule, der von seinen Eltern vernachlässigt wurde.

Wir und der Narzisst haben jedoch mehr gemeinsam, als wir uns eingestehen wollen. Als ich anfing, die Wunden meines *inneren Kindes* zu heilen, wünschte ich mir oft, dass mein Ex-Partner diesen Weg mit mir zusammen beschreiten könne, um seine eigenen Wunden zu heilen, aber wie bereits zuvor in diesem Buch erwähnt, sind Narzissten unfähig und zu verängstigt, in sich zu kehren und sich selbst zu betrachten, weshalb sie dieselben Fehler stets wiederholen werden.

Sobald du narzisstischem Missbrauch entkommst, befindest du dich in einer äußerst verletzlichen Lage. Wenn du dich nicht selbst heilst, dir über deine Bedürfnisse und Verletzbarkeiten im Klaren wirst und nicht die nötigen Grenzen ziehst, kannst du dich recht schnell wieder in einer toxischen Situation verfangen. Anders als der Narzisst sind wir ausgestattet, diesen Kreislauf zu durchbrechen. Wir können *überleben*.

Unterstützungssystem

Die meisten Opfer narzisstischen Missbrauchs leben ein Leben in Isolation mit einem Mangel an Sicherheit. In einem fremden Land, weit von meiner Familie und Freunden entfernt, war ich als Auswanderin komplett auf mich allein gestellt. Als ich mich von dem Narzissten trennte, musste ich mir umgehend ein Unterstützungssystem aufbauen, welches Arbeitgeber, Kollegen und meine Therapeutin mit einbezog und fragte ebenfalls die örtlichen Behörden um Rat. Glücklicherweise war ich nicht anderweitig an meinen Ex-Partner gebunden, wenn du aber mit ihm verheiratet warst und ihr Kinder zusammen habt, so mag mehr Vorsicht geboten sein und die Integrierung von Familienmitgliedern und denen, die am nächsten zu deinen Kindern stehen wie z. B. die Eltern ihrer Freunde und Lehrer.

Eine Beziehung zu einem Narzissten zu beenden, kann sehr gefährlich sein, da sie wie besessen von ihrer Macht und Kontrolle über dich (und andere) sind. Ob du verheiratet bist mit Kindern oder auch keines von beiden, sich ein Unterstützungssystem im Hintergrund aufzubauen ist der richtige Weg, indem du vertrauenswürdige Menschen involvierst, Geld auf Seite legst und dich nach einer neuen Unterkunft umschaust. Denke auch an die Hinzunahme von Therapeuten, Einrichtungen für häusliche Gewalt und den örtlichen Behörden. Falls du nicht mit dem Narzissten zusammenlebst, rate ich dir, deine Türschlösser und Schlüssel auszuwechseln und sogar die Installation von Überwachungskameras in Betracht zu ziehen. Je nach Schwere des Falls, mag es empfehlenswert sein, in eine ganz andere Gegend umzuziehen.

Vorsicht! Manchmal stößt man bei den örtlichen Behörden auf taube Ohren. Wenn du von Angst aufgelöst bist, magst du ihnen hysterisch oder gar verrückt vorkommen und der Narzisst wird alles dafür tun, dir deine Glaubwürdigkeit zu nehmen. Deiner örtlichen Polizei mitzuteilen, dass du mit einem Psychopathen oder Soziopathen zusammen warst oder einfach nur versuchen, ihnen zu erklären, wie gefährlich narzisstischer Missbrauch wirklich ist, ist oft ein Schuss, der nach hinten losgeht. Wie bereits zuvor schon einmal erwähnt, muss man es selbst erlebt haben, um die Dimension narzisstischen Missbrauchs zu verstehen. Unsere Behörden sind leider nicht ausreichend aufgeklärt über Persönlichkeitsstörungen oder anderweitiger Themen mentaler Gesundheit. Sie sehen häusliche Gewalt für das an, was es nun einmal *offensichtlich* ist. Opfer narzisstischen Missbrauchs gaben sogar an, dass der Narzisst selbst die Polizei gerufen und ihnen mitgeteilt haben soll, dass er missbraucht werde. Du magst dir vielleicht selbst eingeredet haben: *„Ich wünschte, er hätte mich geschlagen, dann hätte ich wenigstens Beweise gehabt, die ich hätte zeigen können,"* doch selbst sichtbare Beweise physischen Missbrauchs stoßen allzu häufig auf blinde Augen.

Heimliches Stalken anzuzeigen, dem sich Narzissten so gerne widmen, um mit uns zu spielen, ist nutzlos; die Polizei wird erst einschreiten, wenn du den Stalker wortwörtlich *vor dir stehen siehst*, was so viel heißt, dass sie lieber warten, bis du hilflos der Gefahr ausgeliefert bist. Dies entspricht leider der Realität, in der wir uns befinden.

Die Polizei wird darauf angewiesen sein, dass du deinen eigenen Fall aufbaust und ihnen vorlegst, indem du alle Vorkommnisse selbst dokumentierst. Halte einen Kalender und ein Tagebuch bereit, in denen du alle seltsamen Begebenheiten oder Zusammentreffen mit dem Narzissten notierst und sammle in diesem Zusammenhang ebenfalls die Namen von Zeugen, die deine Aussagen und Beobachtungen bestätigen können.

Dies sind ausreichend Gründe, warum es wichtig und nötig ist, sich ein persönliches Unterstützungssystem aufzubauen, auf das man sich fernab des Rechtssystems verlassen kann. Du kennst den Charakter deines Ex-Partners wie kein anderer, was ihn auf eine Art vorhersehbar macht. Die meisten Narzissten verhalten sich lehrbuchmäßig, weshalb dir das Lernen über narzisstischen Missbrauch und Persönlichkeitsstörungen nicht nur beim Heilen hilft, sondern dich möglicherweise aber auch absichert und vorbereitet.

Bestätigung suchen

Auf die Gefahr hin, dass ich mich wiederhole: *Man muss narzisstischen Missbrauch selbst erlebt haben, um ihn zu verstehen.* Heutzutage leben wir glücklicherweise in einer Zeit, in der das Internet eine starke Verbindung zwischen allen möglichen Menschen auf der Welt mit den verschiedensten Geschichten, Erfahrungen und Hintergründen herstellt, die sich aber doch in bestimmter Weise ähneln.

Du wirst vielleicht überrascht sein, dass beispielsweise ein Survivor in Südamerika und ein anderer irgendwo in Europa genau dieselben Gespräche und Diskussionen mit ihren Narzissten geführt haben wie du, allerdings nur in einer anderen Sprache. Dies macht ein universell diagnostizierbares Problem aus.

Gib doch einfach mal „narzisstischer Missbrauch" in eine Suchmaschine ein und du wirst schnell merken, dass das Thema bereits Popularität gefunden hat. Es gibt unzählige Gruppen und Foren, die dir als Zufluchtsort helfen können. Diverse Kanäle auf Videoplattformen wie z. B. YouTube[53] liefern zusätzliche Informationen und werden in den meisten Fällen von Survivors selbst geführt, die am nächsten an der Wahrheit dran sind.

Opfer und Survivors narzisstischen Missbrauchs verschlingen diese Informationen regelrecht, denn es gibt ihnen die nötige *Bestätigung*, die sie brauchen, um der Situation zu entkommen, sich ihrer Rechte zu bedienen oder um von einer toxischen Beziehung zu heilen und mit gutem Gewissen weiterzuleben. Dabei spielt es keine Rolle, *was* du exakt durchlebt hast und für *wie lange*. Während ich meine Recherche für dieses Buch durchführte, las ich unzählige Res-

---

[53] YouTube *www.youtube.com*

sourcen und sprach mit diversen Survivors, die den Missbrauch über Jahre, wenn nicht gar Jahrzehnte, ausgehalten
haben mit weitaus größeren Konsequenzen als die meinen.
Meine Beziehung mit einem Extremfall von malignem Narzissmus dauerte bloß fünfeinhalb Monate; allerdings schoss
mir mein erster Selbstmordgedanke bereits nach fünf durch
den Kopf. Dennoch kam ich mir lächerlich vor, meine Kurz-
geschichte überhaupt mit anderen zu vergleichen, bis ich auf
Kellie Suttons Fall stieß; eine Frau aus den USA, die damals
genau in meinem Alter war, als sie sich ihr Leben nahm,
nachdem sie ebenfalls nur fünf Monate in einer zwanghaft
kontrollierten Partnerschaft gelebt hatte. Jede Geschichte ist
es wert, dass über sie gesprochen wird und verdient es, Bestätigung zu finden.

Wie in diesem Buch beschrieben, kommt Missbrauch
auf verschiedensten Arten und Weisen vor. Nur weil dein
Partner dich nicht geschlagen hat, bedeutet dies nicht, dass
er dich nicht missbraucht hat. Ich hoffe, mein Buch hilft dir
dabei, deine Erfahrung zu bestätigen. Deine Geschichte mit
anderen Survivors zu teilen, um die nötige Bestätigung zu
erhalten, ist nicht nur hilfreich, sondern kann manchmal
sogar Leben retten.

Mit dem Narzissten abschließen

Da der Narzisst ein krankhafter Lügner ist, kannst du
keinen ehrlichen Abschluss eurer Beziehung von ihm erwar-

ten — wenn er überhaupt jemals ehrlich war. Er wird keinerlei Verantwortung für seine Untaten und dem Misslingen eurer Beziehung übernehmen. In seiner Realität ist alles deine Schuld. Er mag einen Fehler eingestehen können, jedoch wird diesem stets ein „aber" angehängt, das dir nur wiederum die Schuld zuschiebt. Sobald du aus seinem Blickfeld bist, wird er anderen eine ganz andere Geschichte über eure Beziehung auftischen. Der Narzisst muss in dieser Lügenwelt leben, um sich selbst vor dem Zerfall zu schützen. Sein Verhalten wirft die Frage auf: *„Ist der Narzisst sich seiner Taten bewusst?"* Die Antwort lautet *JA*. Hast du jemals das Thema „Narzissmus" in einer beliebigen Situation angesprochen und jemand hat mit scheinbar schlechtem Gewissen den Raum verlassen oder sich gar über das Thema lustig gemacht?

Die Tatsache, dass er ...

o den meisten Missbrauch hinter verschlossener Türe versteckt hält

o dich in der Öffentlichkeit anders behandelt

o grinst, wenn du Schmerz fühlst oder er dir welchen zufügt

o genau weiß, welche Knöpfe er bei dir drücken muss, um dich zu provozieren

o die Definition von moralischem Handeln kennt

o gewisse Ereignisse kompartimentalisiert und dich von bestimmten Leuten fernhält

o eure Beziehung gänzlich verstecken mag

o präzise jeden Schritt von dir kontrolliert

- eine gut durchdachte Schmierkampagne ausführt, um sein falsches Selbst zu beschützen
- dich überhaupt erst strategisch ausgewählt und manipuliert hat, um dich auf ihn einzulassen

... all dies sind bewusste Entscheidungen und gelten somit als Verbrechen.

Kann man ihn dafür verantwortlich machen? *JA.* Der Narzisst mag in seiner Persönlichkeit gestört sein, jedoch ist er in den meisten Fällen hochintelligent und nicht geistig zurückgeblieben. Sein Mangel an Gewissen und Empathie ist es, was ihn so gefährlich macht.

Seit 2015 haben Großbritannien und Irland strenge gesetzliche Maßnahmen bzgl. der Kriminalisierung von emotionalem und psychologischem Missbrauch in Fällen häuslicher Gewalt eingeführt. Viele Länder müssen diesem Beispiel noch folgen.

Während du versuchst, mit der Sache abzuschließen, fragst du dich vielleicht:

- *Warum ich?*
- *War es jemals Liebe?*
- *Wird er sich je ändern?*
- *Ist seine neue Partnerin besser als ich?*

Die Antworten auf diese Fragen sind nicht allzu vielversprechend für einen Abschluss:

„Darum." — „Nein." — „Nein." — „Nein."

Es ist wichtig, zu verstehen, dass das Warten auf einen Abschluss dem Versuch gleichkommt, eine Karotte einzufangen, die dir vor der Nase baumelt und dich nur weiter gefangen und hoffen lässt, sie irgendwann ergreifen zu können. Dies macht das Hoovern für den Narzissten nach einer plötzlichen Trennung so einfach.

Viele Leute sagen, dass man dem Narzissten *vergeben* muss, um mit ihm abschließen zu können. Dem stimme ich von ganzem Herzen nicht zu. Narzissten verlassen sich auf unsere Gutmütigkeit und Vergebung, um von ihren Verbrechen ungeschoren freigesprochen zu werden. Es ist die Freikarte, die er benötigt, um von dannen ziehen zu können, als sei nie etwas vorgefallen, nur um dann denselben Missbrauch mit einer anderen Person zu wiederholen.

Nicht nur, dass deine schreckliche Erfahrung durch deine (sofortige) Vergebung praktisch für *ungültig* erklärt wird, du riskierst dadurch auch, deine Glaubwürdigkeit und Chancen auf Hilfe zu verlieren. Dem Narzissten zu vergeben bedeutete für mich nichts anderes als dieselbe alte Lüge, die ich mir über meine Kindheit einredete: *„Nicht alles war schlecht."* Man kann einfach keiner Person vergeben, die nicht gewillt ist, Verantwortung zu übernehmen und sich zu ändern. Punkt.

Wir müssen den Abschluss in uns selbst finden. Dies kommt in Form von *Heilung, Akzeptanz* und *Selbstvergebung.*

Wir vergeben uns selbst, dass wir ...

... einem Predator verfallen waren,

... die Warnsignale und unsere Intuition ignoriert haben,

... zurückgegangen sind,

... den Missbrauch zu lange geduldet haben,

... andere Leute in dieser ganzen Zeit vernachlässigt haben.

Ich persönlich habe die Warnflaggen ganz klar und deutlich vor mir wehen sehen und ihn sogar als einen potentiellen verdeckten Narzissten am ersten Tag ausgemacht. Daher dauerte es ganze vier Monate, bis ich mir selbst vergeben konnte, ihm den Vertrauensbonus geschenkt zu haben und um das *„hätte und sollte ich mal"* aus meinem Kopf zu bekommen. Wie lange würde es dann erst dauern, dem Narzissten zu vergeben?

Uns selbst zu vergeben ist der erste Schritt, um uns selbst zu lieben. Verharre trotzdem nicht in dem Prozess der Vergebung, sollte er dich daran hindern, auf anderen Gebieten Fortschritte zu machen. Vergebung kann nun einmal ein langwieriger Prozess sein, aber sie wird eines Tages kommen.

Anzeichen, dass du mit dem Narzissten abgeschlossen hast:

o Du akzeptierst deine Vergangenheit und dich selbst, und vergibst dir.

o Du suchst nicht mehr nach Antworten vom Narzissten.

o Du bist nicht mehr von deinen Gedanken oder anderweitig vom Narzissten besessen.

o Du wirst nicht mehr getriggert von Dingen oder Personen, die mit dem Narzissten zu tun haben.

o Über den Narzissten zu reden oder gar nur an ihn zu denken langweilt dich.

o Du hast Gegenstände des Narzissten aus deiner Wohnung entfernt.

o Du hast aufgehört, andere Leute kontrollieren zu wollen.

o Es interessiert dich nicht mehr, mit wem sich der Narzisst trifft.

o Du hast einen klaren Gedanken gefasst und bist mit deiner Realität, deiner Seele und deinen Absichten und Zielen im Leben wieder im Einklang.

o Du nimmst wieder ein altes oder neues Hobby auf.

o Du siehst erfrischt aus, bist wieder du selbst, jedoch weiser als je zuvor.

o Deine Empathie und Liebe für andere Leute hat sich erhöht, aber am meisten für dich selbst.

o Du findest neue Freunde und begibst dich wieder auf die Partnersuche.

o Du stellst gesunde Grenzen auf und erlaubst niemandem, sie zu überschreiten.

o Du wandelst deine negative Erfahrung in etwas Positives um.

o Du sprichst deine Wahrheit aus und nennst dich selbst einen *Survivor*.

Die Seelenverbindung lösen

Eine Beziehung zu einem Narzissten fühlt sich auf vielen Ebenen sehr intensiv an. Die sofortige Anziehung und Bindung, das starke Gefühl der Seelenverwandtschaft und die intensive sexuelle Erfahrung verbinden so tiefgründig, dass es dafür eine Bezeichnung geben muss. Dieses Gefühl einer tiefen psychologischen und emotionalen Verbindung, die sich mit der Zeit verstärkt, nennt sich *Seelenverbindung*, die uns wie besessen und psychisch an den Narzissten bindet, sogar über Monate oder gar Jahre nach der Trennung hinweg. Es fühlt sich regelrecht wie eine Sucht und ein Sog auf *telepathischer* Ebene an. Zuvor erwähnte ich auch die biochemischen Aspekte narzisstischen Missbrauchs, jedoch kann ich nicht die vielen Male aufzählen, wie oft mein Partner und ich unsere Gedanken gegenseitig lesen konnten und uns dabei vor uns selbst gruselten.

Aufgrund der emotionalen, mentalen und physischen Intensität, die der Narzisst im Missbrauchskreislauf generiert und die schrittweise Verschmelzung mit ihm, dringt er in unsere Seele und Psyche ein und macht uns dadurch schwach für seine Manipulation. Sandra L. Brown erklärt in ihrem Buch *Women Who Love Psychopaths*[54], dass diese Individuen die Fähigkeit besitzen, ihre Zielobjekte und Opfer zu *hypnotisieren* und sie somit mental zu kontrollieren.

---

[54] Sandra L. Brown M.A.: *Women Who Love Psychopaths, 2nd Edition* (Mask Publishing, 2009)

Survivors narzisstischen Missbrauchs sagten aus, dass ihr Ex-Partner einen sechsten Sinn dafür zu haben schien und genau wusste, wann der perfekte Zeitpunkt war, um sie wieder zu hoovern; als könne er aus der Distanz spüren, wenn sein ehemaliges Opfer dabei war, mit der Geschichte abzuschließen, ihr Leben wieder zu genießen oder aber wieder schwach für seine Manipulation zu sein schien. Ich selbst bemerkte immer ein Kribbeln und eine gewisse Nervosität im ganzen Körper ungefähr zwei Wochen bevor er versuchte, sich wieder in mein Leben zu schleichen.

Die Seelenverbindung zum Narzissten zu kappen, hat nichts mit Voodoo oder Magie zu tun, aber kommt sicherlich dem *Exorzismus* schon sehr nahe, indem man sich von dem Dämon befreit, den der Narzisst in einem gesät hat. Es ist dieses starke Gefühl der Besessenheit und dass man ihn einfach nicht loslassen kann, als werde man aus der Ferne gegen seinen Willen kontrolliert. Es ist ein entscheidender Schritt beim Heilen, diese Verbindung zu lösen, um endlich von ihm loszukommen. Wie funktioniert dieses Ritual auf rein mentaler und spiritueller Ebene? Es gibt verschiedene Methoden, diese Verbindung zu durchtrennen. Manche Leute sprechen Gebete, wiederum andere stellen sich vor, wie sie die Verbindung wie eine Nabelschnur durchtrennen, die beide Körper miteinander verbindet; sie nehmen dazu eine Schere, ein Messer oder ein Schwert als Schneidewerkzeug zur Hilfe, um die Trennung in ihrer Vorstellung auszuführen. Wiederhole dieses Ritual einmal die Woche oder so oft wie du es für nötig hältst.

Mein persönlicher Rat

Höre auf deinen Körper

„Vertraue deinem Bauchgefühl!", „Folge deiner Intuiti-on!", „Wenn es zu gut ist, um wahr zu sein, dann ist es das wohl auch." — Dies sind nicht nur leere Redewendungen aus Motivationsspots oder -bildchen auf Social Media. Wir laufen durch unser Leben und sammeln dabei ständig Informationen und Erfahrungen. Basierend auf diesen Daten reagieren wir in bestimmter Weise auf gewohnte Umstände. Es ist ein Teil unseres Urinstinkts und hilft uns in unserer Gesellschaft zu lernen und zu überleben, ansonsten müssten wir das Rad jeden Tag neu erfinden.

In der Natur fühlt ein Beutetier, wenn es von einem Raubtier anvisiert wird und reagiert instinktiv mit einer angemessenen Stressreaktion. Leider wird genau dieses Gefühl von der „menschlichen Beute" oft ignoriert und ihr Instinkt somit überschrieben. Im *Nachhinein* erinnern wir uns nur oft daran: *„Ich fühlte vom ersten Moment, als wir uns trafen, dass etwas nicht stimmte, doch ich konnte mir keinen Reim darauf machen."*

Ihr durchbohrender Blick, das Eindringen in unseren persönlichen Raum, die vielen Fragen, die uns bis auf die Knochen ausziehen; anders als Tiere besitzen diese menschlichen Raubtiere die Fähigkeit, uns mit ihren Worten und ihrem Charme zu manipulieren und uns von der bevorstehenden Gefahr abzulenken, weshalb sie so erfolgreich sind.

Als kleiner Tipp: *„Wenn sich etwas seltsam oder gar gefährlich anfühlt, dann ist es das mit aller Wahrscheinlichkeit auch."* Wir haben die Signale unseres Körpers zu lange ignoriert und uns immer und immer wieder in neue Gefahr begeben. Dein Wissen und deine Erfahrung sind nun deine Macht, richtig mit solchen Situationen umzugehen und auf sie zu reagieren.

Höre auf das Universum

Ich glaube fest an das *Gesetz der Anziehung*. Der Narzisst kam immerhin auch in unser Leben, um unsere versteckten Wunden offenzulegen, denen wir sonst niemals Beachtung geschenkt hätten und die wir heilen mussten. Während dein Körper dir bereits die nötigen Warnsignale von innen sendet, so sendet uns das Universum auf mysteriöse Art und Weise genau das, was wir von außen erkennen müssen — Synchronizitäten wie unterschwellige Hinweise, Symbole an den Wänden oder ein Déjà Vu; man sagt, wenn man immer wieder sich wiederholende Zahlen sieht wie 11:11, fängt etwas an, sich zu manifestieren.

184

Ich glaube, das Universum versuchte mich einige Male zu warnen mittels Symbolen und Menschen, die ich auf meinem Weg traf, als ich sie am meisten benötigte. Sie machten mir die Gefahr, die ich die ganze Zeit bereits tief in mir spürte, besser bewusst.

Der Ring, den mir mein Partner zum Beispiel am Anfang unserer Beziehung überreichte, fiel mir nur eine Stunde später durch einen kleinen Schlitz meines offenen Autofensters vom Finger. Ich fragte ihn, ob dies ein Zeichen war, dass wir nicht zusammen sein sollten. Er antwortete: *„Du kannst das als Zeichen sehen oder auch nicht."* Ich wollte an uns glauben und lächelte meine Tränen und Sorgen weg, als ich ihm sagte: *„In ein paar Jahren werden wir darüber lachen."* — *„Warum nicht schon heute?"* Und somit legte er seine Arme um mich und versicherte mir, dass alles in Ordnung sei. Später fand ich heraus, dass der Ring einer ehemaligen Partnerin von ihm gehörte, die, so wie ich glaube, versuchte, mich im Geiste vor ihm zu warnen und zu beschützen.

Mit der Zeit merkte ich nicht nur, wie ich mich selbst veränderte, sondern auch meine Umwelt um mich herum. Je erschöpfter ich wurde, desto mehr fiel mir die Sorge in den Gesichtern und den Stimmen anderer auf, ohne dass sie es wagten, das Problem direkt anzusprechen. Am letzten Abend, bevor ich die Beziehung beendete, lief nach Feierabend ein Kollege an mir vorbei. Im Vorbeigehen sagte ich zu ihm: *„Bis irgendwann mal!"* Er lächelte und antwortete: *„Auf Wiedersehen, Sarah."* Nach einer kurzen Pause dann fügte er dem ein *„Hoffentlich"* hinzu. Entgeistert drehte ich mich nach ihm um und sah ihn selbst wie einen Geist in den nächsten Raum verschwinden. Die Welt ging an mir in Zeitlupe vorbei. Sein letztes Wort sah ich als die ultimative Warnung an, da ich nicht nur bereits Selbstmordgedanken hegte, sondern auch nur wenige Minuten zuvor ein großes Geheimnis erfahren hatte, welches mir endgültig klar machte, dass mein Leben in Gefahr war. Ich beendete die Beziehung sofort am nächsten Tag.

Tagebuch führen

Das Schreiben eines Tagebuchs hilft dir nicht nur dabei, deine Gedanken und Gefühle zu sortieren, sondern auch, dich zu heilen. Einige Zeit später war ich im Stande auf dem Papier vor mir, klar und deutlich zu erkennen, was mir Schreckliches widerfahren war.

Falls du noch in der toxischen Beziehung feststeckst, rate ich dir, mit dem Tagebuchschreiben anzufangen, um später die nötigen Referenzen und Beweise parat zu haben.

Das Schreiben in ein Tagebuch kann zudem Angstgefühle reduzieren, da du deine fürchterlichen Gedanken auf dem Papier freilässt und verarbeitest. Deine Erfahrung und Gefühle in Worte zu fassen, kann dir außerdem dabei helfen, Verwirrung, kognitive Dissonanz und Missbrauchsamnesie entgegenzuwirken, bei der Opfer einen Teil ihres Missbrauchs gänzlich vergessen. Somit wird es dem Narzissten schwerfallen, dich weiter zu manipulieren, gaslighten oder zu hoovern. Dieses Tagebuch sollte an einem sicheren Ort aufbewahrt werden, wo es der Narzisst nicht finden kann.

Vor- und Nachteile

Mache dir eine Liste und schreibe alle Vor- und Nachteile des Narzissten auf; sie wird dir die Fakten umgehend offenlegen. Falls du dies bereits getan hast, dann lass mich raten ... da gibt es nicht viel, was es wert ist, bei ihm zu bleiben; deine Bedürfnisse wurden in der Beziehung nicht berücksichtigt.

Hänge dir diese Liste an deinen Kühlschrank, wenn es nötig ist. Jedes Mal, wenn du das Verlangen spürst, den Narzissten wieder kontaktieren zu müssen, gehe zuerst deine Liste durch, um dich zu erinnern, weshalb der Kontakt keine gute Idee ist. Tue dasselbe, solltest du gehoovert werden. Diese Liste ist eine große Stütze in den frühen Stadien des No Contacts. Genau wie ein Tagebuch hilft dir die Pro—und-Kontra-Liste, kognitive Dissonanz oder Missbrauchsamnesie entgegenzuwirken.

Leitsätze für das Leben

Suche dir einen Leitsatz oder ein inspirierendes Zitat aus, welches dich immer wieder an deine Lebensaufgabe erinnert und dich sicher und motiviert hält. Über viele Jahre trug ich den Satz „*This Too Shall Pass*" *(dt. Auch dies geht vorüber)* um mein Handgelenk. Es war für mich eine gute Erinnerung daran, dass jeder gute wie auch schlechte Moment im Leben nicht von langer Dauer und vergänglich ist, jedoch erinnerte es mich später zu sehr an den ständigen Wechsel der guten und schlechten Momente im Missbrauchskreislauf. Ich brauchte unbedingt etwas anderes. Leitsätze können sich je nach Lebenslage und deinen Bedürfnissen ändern. In einem vorherigen Kapitel erwähnte ich bereits, dass das Universum mit uns spricht, um uns durch eine Notlage zu manövrieren; ich stolperte dabei zufällig auf ein altes Interview, in welches einer meiner Vorbilder aus frühester Kindheit verkündete: „*If you're gonna go first class, you gotta be first class.*" *(dt. Wenn du in die erste Klasse gehen willst, musst du erstklassig sein.)* Es erinnerte mich an die Karriere, die ich mein Leben lang anstrebte und in der Beziehung riskierte, zu verlieren. Es erinnerte mich an meine Vorbilder, die mich stets motivierten, so weit zu kommen. Es erinnerte mich daran, mich selbst zu lieben, um Liebe zu finden und andere Menschen so zu behandeln, wie ich selbst behandeln werden möchte, um erfolgreich zu sein, doch plötzlich wurde mir klar, dass ich überhaupt nicht so behandelt wurde. Dieses Zitat half mir bereits aus einigen toxischen Situationen heraus. Ich trage es auf meinem neuen Armband überall mit mir herum.

Ein Kind daten ist illegal

Ich weiß nicht, in welchem Land du lebst, aber ich kann mit Sicherheit behaupten, dass das Daten von Kindern in deinem Land illegal ist und strafrechtlich verfolgt wird. Nach einem weiteren kindischen Wutausbruch, sagte ich einst zu meinem Partner: *„Ich date doch kein Kind!"* So irre es auch klingen mag, dies war der erste gute Rat, den ich mir selbst gab, um mich von ihm fernzuhalten: *„Ein Kind zu daten ist illegal! Mach dich nicht kriminell!"* Du hörst das bestimmt nicht zum ersten Mal: ein Narzisst hat die Reife eines Sechsjährigen. In eurer Beziehung hast du dich sicherlich öfters eher wie ein Elternteil statt einer gleichgestellten Partnerin gefühlt. Der Narzisst sucht sich verantwortungsvolle Fürsorger, die voll und ganz auf seine Bedürfnisse fokussiert sind und gibt nichts davon zurück. Also: *Gib dem Kind keinen Süßkram, wenn es sich nicht benimmt und diesen nicht verdient hat!*

Laiendiagnose

In Missbrauchsfällen von verdecktem Narzissmus müssen sich Opfer oft auf ihre eigene Recherche oder Laiendiagnose verlassen, um ihre Lage zu verstehen und aus dieser entfliehen zu können. Vielleicht wirst du oder bist dabei bereits auf Leute gestoßen, die behaupten: *„Du kannst nicht sagen, dass er ein Narzisst ist! Du bist doch kein Psycholo-*

ge!" Auch wenn sie Recht haben, dass du keine offizielle Diagnose abliefern darfst, so sind sie auch im Unrecht, denn deine eigene Recherche ist oft das einzige, was dir hilft, einer Diagnose auch nur irgendwie nahe zu kommen. *Wenn es aussieht wie eine Ente, schwimmt wie eine Ente und quakt wie eine Ente, dann ist es mit aller Wahrscheinlichkeit auch eine Ente.*

Das Problem mit narzisstischem Missbrauch ist, dass man es selbst *erlebt* und *gefühlt* haben muss, um zu *wissen*, was es eigentlich genau ist. Viele Narzissten werden daher rein oberflächlich als *bipolar* fehldiagnostiziert, weil dem Psychologen *deine ganz persönlichen* Erfahrungen mit dem Patienten fehlen.

In dieser Situation hängengelassen zu werden, fühlt sich schrecklich an. Es gibt unzählige Bücher (wie dieses hier), Artikel, Hilfsgruppen und Foren im Internet, wo du Hilfe finden und deine Erfahrung teilen kannst, bevor du mit unerfahrenen Freunden oder Familienmitgliedern über dieses äußerst komplexe Thema sprichst oder dich einem Therapeuten anvertraust, der sich möglicherweise gar nicht mit der Materie auskennt.

Einen Namen für das Problem zu finden, kann dir helfen, dein Leben zu retten und von jenem Schrecken zu heilen. Du musst andere nicht mit deinen Befunden überzeugen, wenn sie dir nicht zuhören wollen. Der Narzisst besitzt sogar das Talent, Psychologen zu manipulieren und auf seine

Seite zu ziehen. Verschwende daher nicht deine kostbare Zeit und dein Leben, während du auf eine offizielle Diagnose eines Professionellen oder in der Paartherapie auf Besserung wartest; dein Körper sagt dir genau, was du zu tun hast, nämlich *fliehen*.

Umarme das Single-Dasein

Können wir uns darauf einigen, dass uns ein Partner vollkommen macht und wir in einem bestimmten Alter ein Haus gebaut und eine Familie gegründet haben müssen eine ziemlich veraltete Vorstellung vom Leben ist? Wir müssen das Single-Dasein willkommen heißen und umarmen und uns nicht von der Gesellschaft vorschreiben lassen, dass das Alleinsein oder die Einsamkeit menschliche Makel oder gar Schwächen seien.

Als mir klar wurde, dass ich mein temporäres Gefühl von Einsamkeit meine Verletzbarkeit diktieren ließ, welches mich in die Griffel eines Narzissten trieb, war ich wieder in der Lage, mein Single-Dasein zu schätzen und mir wurde außerdem wieder klar, dass ich von niemandem abhängig bin, um mich selbst zu lieben und mein Leben zu genießen.

Erinnerst du dich noch an die Person, die du vor der Beziehung mit dem Narzissten warst? Ich selbst war die meiste Zeit Single gewesen und hatte bereits große Dinge in meinem Leben erreicht, bevor ich ihn traf. In der Beziehung mit dem Narzissten haben wir vergessen, wer wir wirklich sind und was wir allein zustande bringen können — wir haben uns praktisch selbst verloren. Stark. Unabhängig, Erfolgreich. Dies sind hauptsächlich die Attribute, auf die es Narzissten abgesehen haben und von denen sie sich wie angezogen fühlen. Schlussendlich sehen wir uns nur noch schwach, co-abhängig und unseren Erfolg zugrunde gehen, da wir nicht mehr die mentale und körperliche Energie aufbringen können, um unser Leben zu meistern.

Es ist nicht ratsam, sofort nach dem Narzissten eine neue Beziehung einzugehen, egal wie einsam du dich auch fühlst. An dieser Stelle musst du der Tatsache ins Auge sehen, wie du überhaupt in eine solche Situation hinein geraten konntest. Nimm dir die Auszeit und denke einmal nur an dich, um wieder ganz du selbst zu werden und zu heilen. Eine Auszeit ist nichts Verwerfliches oder gar Egoistisches, und das ist das Single-Dasein auch nicht.

Wie man einen Narzissten auf Social Media erkennt

Mit dem Anstieg von Social Media und Dating-Websites haben es Narzissten um einiges einfacher, andere Leute zu manipulieren und sich mit ihnen anzubandeln. Social Media ist der perfekte Spiel- und Jagdplatz für sie, um sich einen virtuellen Harem aufzubauen und ihre Fantasie auszuleben, die weit entfernt der Realität entspricht — ein perfektes Instrument für die *fiktive Selbstdarstellung*.

Unsicher wie der Narzisst nun einmal ist, kann er über Social Media sein falsches Selbst konstruieren; ein Ort, wo er scheinbar unschuldig, charmant und hilfsbereit erscheint. Hier kann er die Blamage umgehen, zurückgewiesen zu werden, indem er es gelassen und oberflächlich angeht, weil er weiß, dass er virtuell nicht unter Zeitdruck steht. Er hat die Möglichkeit, ständig und unbemerkt mit nur einem Klick ein Auge auf seine Zielobjekte zu behalten und auf ihren Beziehungsstatus. Dies erlaubt es dem Narzissten, seine Zielobjekte in einem akzeptablen Zeitrahmen zu groomen und zu love-bomben, ohne dabei wie ein Predator rüberzukommen. Der Narzisst konzentriert sich dabei entweder auf ein einziges oder auf mehrere Zielobjekte gleichzeitig, um dann, sollte er nicht die gewünschte Resonanz erhalten, unauffällig zur nächsten Person weiterziehen zu können. Trotzdem wird er unter Garantie aus heiterem Himmel zurückkehren und der einen oder anderen mit gezielt erhöhter Aufmerksamkeit einen erneuten Besuch auf ihrem Profil abstatten.

Indem er sich Zugang zu deinem Profil verschafft, ist er in der Lage, deine Bilder zu scannen und Informationen über dich zu sammeln, was seine Fähigkeit verbessert, dich zu spiegeln und zu love-bomben.

Um dein Interesse zu wecken, mag der Narzisst anfänglich exzessiv deine Bilder und deinen Status liken und auf ihnen kommentieren oder gar selbst welche posten, die deinen ähneln, um dich zu spiegeln. Gefallen dir Sonnenaufgänge? So wird er zum Beispiel mehrere Bilder von Sonnenaufgängen posten. Dieses Verhalten ist auf keinem Fall schmeichelnd, sondern eher unheimlich. Noch unheimlicher ist es, sollte er auf Bildern reagieren, die du vor Jahren hochgeladen und selbst vielleicht sogar schon längst vergessen hast.

Aus einem einfachen „*Hi!*" werden mit der Zeit endlose Gespräche und schnell wird exzessive Kommunikation zu einer Form der Kontrolle. Er mag überaus viele Emojis verwenden, um als niedlich und lustig rüberzukommen und den Ton seiner Nachrichten zu mildern. Versuche mal, seine Nachrichten ganz ohne diese Emojis zu lesen, um herauszufinden, was sein wahres Motiv sein könnte.

Der Narzisst verhält sich auf seinem eigenen Profil sehr selektiv und füllt es nur mit Informationen über sich, die entweder ein perfektes Leben präsentieren oder ins andere Extrem gehen und ihn als das Opfer des Lebens darstellen. Mein Partner war ein morbider Vertreter des Letzteren. Nicht nur, dass er seine Einsamkeit vortäuschte, aber er versteckte gar seine Beziehungen (inklusive unserer eigenen) hinter den Bildern einer verstorbenen Partnerin. Er mimte den armen Witwer, der nach so vielen Jahren immer noch in seiner Trauer gefangen war und Angst hatte, eine neue Beziehung einzugehen, um nicht nur Mitleid von mir und seinem ganzen Harem zu erhalten, sondern auch weiterhin den Missbrauch von ihr und anderen, die nach ihr mit ihm lebten, zu vertuschen. Wenn du denkst, dass dies krank ist, dann hast du damit absolut Recht.

Social Media ist zu einem solch zentralen Teil unseres Lebens geworden, dass das Verheimlichen einer intimen Beziehung zu 99 % heißen muss, dass dort ein Doppelleben geführt wird, von dem niemand etwas wissen darf. Als ich ein Bild von uns beiden hochladen wollte, fragte er mich panisch: *„Ist dein Konto noch auf privat gestellt?"*, um es ihm einfacher zu machen, mich mit mehreren Zielobjekten aus seinem Online-Harem zu triangulieren, ohne dass sie je von meiner Existenz erfuhren. Falls du eine ähnliche Situation mit einem Narzissten erlebt hast, dann hast du bestimmt angefangen, Social Media dafür zu hassen. Die Frage, die wir uns hätten stellen müssen ist: Wieso wollten wir mit einer Person zusammenbleiben, die versuchte, uns zu verstecken?

Sind seine Online-Freunde vermehrt vom anderen Geschlecht? Dafür mag es einen Grund geben. Kommen seine Online-Freunde aus den verschiedensten Branchen und Bereichen, was dich wundern lässt, wie sie sich überhaupt erst kennengelernt haben? Dafür mag es ebenfalls einen Grund geben. Social Media ist das perfekte Werkzeug, um dich zu triangulieren und zu foltern. Der Narzisst postet passiv-aggressive Nachrichten, dessen wahre Bedeutung nur du verstehst oder hinterlässt Spuren von Kommentaren, Verlinkungen und Likes auf den Profilen anderer, und vergewissert sich, dass du dies auch mitbekommst. Er lässt die Mitteilungen auf seinem Handy aktiviert, nur damit du auch erfährst, wann er eine Nachricht von einem seiner Harem-Mitglieder erhält. Er tut so, als wären diese Leute *nur irgendwelche Freunde* oder *flüchtige Bekannte*, die ihm rein gar nichts bedeuten oder nennt sie gar nervend; wird sie aber nicht löschen oder blockieren, um diese Belästigung und Störung in eurer Beziehung zu beenden.

Während der Narzisst eine falsche Persönlichkeit auf Social Media aufrecht erhält, so gibt es dennoch eines, was er nicht verstellen kann: seinen *Raubtier-Blick*. Schaue dir seine Profilbilder an und sehe ihm dabei tief in die Augen; sie erscheinen kalt, seelenlos, tot, manchmal sogar komplett schwarz überzogen. Als ich via Messenger gegroomt wurde, sendete mir der Narzisst ein Foto von sich. Als ich ihm in dem Foto tief in die Augen blickte, warf es mich auf meine Knie und ich erlebte die erste Panikattacke meines Lebens. Rate was dann passierte! Ich ignorierte die Warnsignale meines Körpers, obwohl ich schon lange zuvor von dem typischen Blick erfahren hatte.

Manche Narzissten verstecken sich nicht sehr gut auf Social Media. Ihr Profil ist nicht mit Sorgfalt durchdacht, ihre Bilder sind unschöne Schnappschüsse und ihre Unfähigkeit, einen gescheiten Satz zu formulieren, eher ein K.O.-Kriterium. Ihre einzige Absicht besteht darin, an schnelle Zufuhr zu gelangen, ohne sich auch nur die Mühe zu machen, einen guten Eindruck zu hinterlassen. Ihre Motive sind offensichtlicher als die der anderen.

Der Narzisst hat das Talent, Social Media in Anti-Social Media zu verwandeln, indem er Chaos anrichtet, wie auch im wahren Leben, z. B. durch die Provokation anderer mit seinen Kommentaren, oder er präsentiert sich selbst als eine Person mit hoher Moral, die rassistische, sexistische und homophobe Leute wie auch Predator zurecht weist, nur um die Aufmerksamkeit und Bewunderung von echten Friedensstiftern und Empathen zu ernten. Manche geben vor, Wohltätigkeitsorganisation zu unterstützen, sich für eine gute Sache einzusetzen oder sich für spirituelles Erwachen zu interessieren, während sie beim schnellen Teilen eines solches Beitrags weder viele Gedanken noch ihre Energie verschwenden. Manchmal fällt ein Beitrag oder Kommentar jedoch so gänzlich aus der Reihe und stimmt nicht ganz mit seinen Meinungen und seinem Verhalten, die dir üblicherweise bekannt sind, überein; dies sind die Momente, in denen seine virtuelle Maske verrutscht, ähnlich wie im wahren Leben. Und wie im echten Leben, ist die erste Version einer Person, die wir kennenlernen, oft die beste, aber leider nicht immer die wahre. Gib dem ganzen genug Zeit, eine neue Person kennenzulernen, ob im wahren oder im virtuellen Leben. Der Narzisst wird sich letztendlich immer selbst offenbaren.

Mit zusätzlichen falschen Profilen ist der Narzisst in der Lage, sein Harem vor dir zu verheimlichen oder weiter ein Auge während des No Contacts auf dich zu halten. Am besten nimmst du keine neuen Freundschaftsanfragen von Unbekannten an und blockierst nicht nur den Narzissten, sondern auch sein komplettes Gefolge.

Sei auf der Hut!

Kurz nach Ende einer narzisstischen Beziehung bist du leichte Beute für andere Predator, denn narzisstischer Missbrauch lässt dich niedergeschmettert und verletzt zurück. Als ich auf den Narzissten traf, hatte ich gerade erst eine Serie narzisstischen Missbrauchs am Arbeitsplatz hinter mir gelassen. Ich fühlte mich gebrochen und einsam und machte daher den Fehler, meine schlimme Erfahrung mit fast allen, die mir zuhörten, zu teilen und so fiel ich auf diesen scheinbar empathischen Zuhörer hinein, der schon bald zu einem weiteren Alptraum in meinem Leben wurde.

Nach etwa drei Monaten im No Contact fand ich eine Stalker-Notiz an meinem Auto, die mir mitteilte: *„Du schaust gut aus."* Mein erster Gedanke war natürlich, dass mein Ex-Partner versuchte, sich wieder in mein Leben zu drängen. Wenige Tage danach näherte sich mir ein älterer Herr aus der Nachbarschaft, den ich noch nie zuvor gesehen hatte. Er sagte mir, dass in der Nacht zuvor jemand versuchte, in mein Auto einzubrechen, aber er hätte aufgepasst, damit nichts passiere. In meiner Panik erzählte ich ihm von dem Zettel an meinem Auto und meiner Situation mit meinem Ex-Partner. Ich bat ihn, seine Augen offen zu halten, sollte er etwas Ungewöhnliches bemerken. Mein Nachbar sagte, dass sich das ganze unheimlich anhöre und fragte mich dann, ob ich nicht irgendwann einmal mit ihm einen Kaffee trinken gehen wolle. *„Fragen schadet ja niemandem,"* sagte er ganz selbstbewusst. Er musste nicht nur meine Verletzbarkeit in diesem Moment bemerkt haben, sondern auch während er mich zuvor in den ersten Wochen nach meiner Trennung beobachtet hatte. Ihm war mit Sicherheit aufgefallen, dass mein Ex-Partner nicht mehr zu Besuch erschien. Wenige Wochen später fand ich einen zweiten Zettel an meinem Auto; ein Brief von meinem Nachbarn, der mich darin erneut fragte, mit ihm einen Kaffee trinken oder ein Eis essen zu gehen oder *sonst was...* was auch immer er mit *„sonst was"* meinte. Ich verglich die Hangschriften beider Zettel, welche dieselben waren, konfrontierte ihn umgehend damit und informierte die Polizei. Wieder war ich Zielobjekt eines Predators geworden, der meine Verletzbarkeit durch eine Missbrauchssituation erkannt hatte, und wieder hatte er mir genau gesagt, worauf er aus gewesen war: *„Fragen <u>schadet</u> ja niemandem."* Ich glaube schon.

Sei auf solche Situationen vorbereitet. Wir machten bereits schon einmal den Fehler, dass wir zu viel über uns mit Fremden teilten. Suche dir Leute, denen du vertrauen und auf die du dich verlassen kannst, wenn du mit jemanden reden möchtest. Ein Therapeut bietet dir in dieser Sache eine private und sichere Umgebung.

Aber nicht nur Predator können dir schaden. Opfer narzisstischen Missbauchs erhalten auch immer wieder Rückschläge von anderen Personen. Sätze wie *„Es braucht zwei* *für einen Tango"* oder *„Zu einem Streit gehören immer zwei"* mangeln nicht nur an Sympathie, sondern erklären deine Erfahrung auch für nichtig. Denke wieder daran: Man muss es selbst erlebt haben, um es zu verstehen. Ein guter Zuhörer ist nicht immer ein guter Ratgeber.

Lass Karma walten!

Die Opfer von verdecktem, narzisstischem Missbrauch fragen sich oft, ob der Narzisst so einfach ungeschoren davon kommt. Die quälende Hoffnung auf Gerechtigkeit lässt sie nur weiter am narzisstischen Haken baumeln. Denke daran, dass Narzissten alles dafür tun, um die Wahrheit über ihr Dasein zu vertuschen. Sorge dich nicht darum und lass hier Karma walten!

In den wenigen Monaten, die ich mit einem Narzissten zusammen war, hatte ich noch nie eine Person zuvor gesehen, die so oft von ihrem Karma heimgesucht wurde wie er.

Der Narzisst übernimmt keinerlei Verantwortung für seine Untaten. Er verliert bei Beziehungen, Freundschaften, Jobs, einfach allem, was ein wahres Selbst, Beständigkeit und Verantwortung von ihm fordert. Es mag dauern, aber mit der Zeit wird immer das wahre Gesicht eines Narzissten zum Vorschein kommen, da sein Verhalten unbeständig ist. Seine Vergangenheit *wird* ihn früher oder später einholen. Vielleicht wirst du selbst Augenzeuge oder nur davon hören, vielleicht aber auch nicht, jedoch ist er dazu verdammt, dass es ihm widerfährt. Der Narzisst ist hochgradig selbstsabotierend. Mit seinem grandiosen Ego und Überlegenheitskomplex unterschätzt er die Stärke in Menschen, für sich selbst einzustehen und sich von ihm abzuwenden. Und so gibt er sogar vor, Freundschaften und Geschäftsbeziehungen zu haben, die ihm schon lange davongelaufen sind.

Er erntet immer, was er selbst sät und ist daher von Grund auf unglücklich und unzufrieden mit dem Status Quo. Sein chronischer Selbsthass und dessen Projektion auf dich sind fest verankert in seinen eigenen Fehlern, aus denen er niemals lernen wird.

Oder glaubst du wirklich, dass jemand ein glückliches Leben führt, der ständig anderen Schaden zufügt, immerzu von anderen abhängig und wütend ist, Intrigen schmiedet, nie er selbst sein kann und ständig auf der Hut sein muss, nicht aufzufliegen oder dass jemand mit ihm abrechnen will? Narzissten sind die *Personifikation von Karma* — sie leben es! Bitte verschwende nicht deine wertvolle Zeit damit, auf Gerechtigkeit zu warten und dass sein Karma ihn heimsucht. Arbeite an dir und lass dein geheiltes, strahlendes Selbst den Narzissten in den Schatten stellen.

Dein Glück und dein Erfolg sind sein Karma.

Verwandle ein Negativ in ein Positiv

Mit dem Schreiben von *Narcotic Love* habe ich eine negative Erfahrung in eine positive umgewandelt. Die Idee zu diesem Buch entstand nach zwei Monaten No Contact, während ich die schrecklichste Achterbahnfahrt meines Lebens durchmachte mit unkontrollierbaren Weinkrämpfen, plötzlichen Panikattacken, kognitiver Dissonanz, Selbstmordgedanken und vollkommen desillusioniert vom Leben und der Liebe war. Dieses Buch gab mir einen kreativen Ausweg, eine Ablenkung vom Schmerz, eine Gelegenheit, die Wahrheit ans Licht zu bringen, mich mit anderen Survivors zu verbinden und hoffentlich anderen durch den Kampf und den Nachwirkungen von narzisstischem Missbrauch zu helfen.

Ich glaube fest daran, dass alles aus einem gewissen Grund passiert und dass wir negative Erfahrungen in etwas Positives umwandeln können. *„Was dich nicht umbringt, macht dich stärker"* ist nicht nur ein dummer Spruch. Viele Survivors narzisstischen Missbrauchs wurden letztendlich aus dieser Erfahrung stärker als sie es je zuvor gewesen waren. Es lehrte sie nicht nur, entsprechende Grenzen zu setzen und für sich selbst einzustehen, einige entschlossen sich, anderen zu helfen oder ihnen wurde klar, dass ihre Zeit auf Erden kostbar ist und somit fanden sie endlich den Mut und die Motivation, sich ihre Träume zu erfüllen; andere fanden endlich den perfekten Partner, wurden zu besseren Eltern und am allerwichtigsten, heilten sie die Wunden, die schon lange Heilung bedurften. Im Großen und Ganzen bauten sie sich ein Leben auf, das sie sich schon lange gewünscht und verdient hatten.

Für einige von uns kann narzisstischer Missbrauch also ein verdeckter Segen sein. Behalte deine Wut und deine Enttäuschung nicht unter Verschluss. Lass sie raus! Narzissten sind nicht in der Lage, etwas Negatives in etwas Positives umzuwandeln; sie werden für immer neidisch und trotzig in ihrer Opferhaltung verharren. Wir sind aber nicht wie sie. Wir haben diese besondere Kraft, die aus uns *Survivors* macht! Zeige dem Narzissten ruhig, dass du dich nicht unterbuttern lässt. Zeige ihm, dass er keinerlei Macht mehr über dich besitzt und dich nicht weiter kontrollieren kann. Du hast nun die Möglichkeit, alles zu ändern! Der Narzisst ist sich *deiner* Stärke und *deiner* Fähigkeit, erfolgreich zu sein, vollkommen bewusst, weshalb er *dich* überhaupt erst ausgesucht hat.

Der Narzisst hat dich ausgewählt,

weil <u>alles</u> mit Dir stimmt.

Die Versprechen an dich selbst

o Ich werde ein Buch nicht mehr nach seinem Einband bewerten.

o Ich werde es keinem mehr erlauben, meine Grenzen zu testen oder sie zu überschreiten.

o Ich werde damit aufhören, es jedem recht machen zu wollen.

o Ich werde meine eigenen Bedürfnisse äußern, wenn ich es möchte.

o Ich werde dafür sorgen, dass es feste Konsequenzen für Vertrauens- und Vertragsbrüche gibt.

o Ich werde keine noch so kleine Lüge mehr tolerieren.

o Ich werde abwarten, ob Worte und Taten überein stimmen.

o Ich werde nicht mehr nur an das Potenzial einer Person glauben, ohne vorherige Erfolge gesehen zu haben.

o Ich werde mich direkt beim ersten Anzeichen von Missbrauch zurückziehen.

o Ich werde nicht zu dem zurückkehren, was mir in der Vergangenheit geschadet hat.

- Ich brauche niemanden, um meine Existenz zu bestätigen: Ich atme, ich lebe, also bin ich.

- Ich werde mein inneres Kind und mein erwachsenes Selbst schützen.

- Ich werde beschützen, was mir nahe steht.

- Ich werde auf meine Trigger achten.

- Ich werde lernen, auf Situationen mit Bedacht und nicht bedenkenlos zu reagieren.

- Ich werde aufhören, andere Menschen ändern zu wollen, da ich nur mich selbst ändern kann.

- Ich werde keine Perfektion mehr erwarten.

- Ich werde meinen Teil der Verantwortung einsehen und diese auch übernehmen.

- Ich werde mich darüber informieren, was ich wissen muss.

- Ich werde heilen, was Heilung benötigt.

- Ich werde mir eine Auszeit nehmen, wenn ich sie brauche.

- Ich werde *nein* sagen, wenn ich es auch meine.

- ***Ich werde mich selbst lieben.***

GLOSSAR

DEUTSCH	ENGLISCH
Abwertung	devaluation
Angriff, Flucht, Erstarrung	fight, flight, freeze
Angst-, Pflicht- & Schuldgefühl	fear, obligation, guilt (FOG)
antisoziale Persönlichkeitsstörung	anti-social personality disorder
Apath(in)	apath
Borderline-Persönlichkeitsstörung	borderline personality disorder
Brain Fog / Gehirnnebel	brain fog
Cluster-B	cluster B
Co-Abhängigkeit	co-dependency/codependency
Dissoziation / Abspaltung	dissociation
Dunkle Triade der Persönlichkeit	dark triad of personality
emotionaler Missbrauch	emotional abuse
Empath(in) / Empathie	empath / empathy
Entsorgung / Abwurf	discard
Entwicklungshemmung	arrested development
finanzieller / wirtschaftlicher Missbrauch	financial / economic abuse
Flucht	escape / flight
Flying Monkey	flying monkey
Gaslighting	gaslighting
Gespräch aus der Hölle	conversation from hell
Gray-Rock-Methode	gray/grey rock method
Grenze/n	boundary/boundaries
Grooming	grooming
Großartigkeit / Grandiosität	grandiosity

DEUTSCH	ENGLISCH
häusliche Gewalt	domestic violence
Heilung / heilen	healing
histrionische Persönlichkeitsstörung	histrionic personality disorder
Hoovering	hoovering
Idealisierung	idealization
Identitätsdiebstahl	identity theft
inneres Kind	inner child
Kampf-oder-Flucht-Reaktion	fight-or-flight response
kognitive Dissonanz	cognitive dissonance
kommunale(r) Narzisst(in)	communal narcissist
Kompartimentierung	compartmentalization
komplexe posttraumatische Belastungsstörung (KPTBS)	complex-posttraumatic stress disorder (CPTSD)
Konditionierung	conditioning
krankhafter Lügner	pathological liar
Lockvogeltaktik	baiting / bait-and-switch / baiting-and-bashing
Love-Bombing	love-bombing
Machiavellismus	Machiavellianism
Manipulation	manipulation
minimaler Kontakt	minimal contact
Missbraucher	abuser
Missbrauchskreislauf	cycle of abuse
Narzissmus	narcissism
Narzisst(in)	narcissist
narzisstische Kränkung	narcissistic injury
narzisstische Persönlichkeitsstörung	narcissistic personality disorder

DEUTSCH	ENGLISCH
narzisstische Wut	narcissistic rage
narzisstische Zufuhr	narcissistic supply
narzisstischer Missbrauch	narcissistic abuse
narzisstischer Zerfall	narcissistic collapse / decomposition
narzisstisches Grinsen	narcissistic smirk
No Contact	no contact
Objektivierung	objectification
Objektkonstanz	object constancy
offensichtliche(r) Narzisst(in)	overt narcissist
Parentifizierung	parentification
pathologische Beziehung	pathological relationship
Persönlichkeitsstörung	personality disorder
posttraumatische Belastungsstörung (PTBS)	posttraumatic stress disorder (PTSD)
Post-Trennungstriangulation	post-breakup triangulation
Primärzufuhr	primary supply
Projektion	projection
psychologischer Missbrauch	psychological abuse
Psychopath(in)	psychopath
Raubtier / Predator	predator
Raubtier-Blick	predatory stare
reaktiver Missbrauch	reactive abuse
Reenactment / Nachspielen von vergangenen Traumata	reenactment
Re-Idealisierung	re-idealization
reproduktiver Missbrauch	reproductive abuse
Schmierkampagne	smear campaign
Schuldzuweisung an das Opfer	victim-blaming / victim-shaming

DEUTSCH	ENGLISCH
Schwarz-Weiß-Denken	splitting / black-and-white thinking
Seelenverbindung	soul tie
Selbstliebe	self-love
sexueller Missbrauch	sexual abuse
Silent Treatment	silent treatment
Soziopath(in)	sociopath
Spiegeln	mirroring
spiritueller / religiöser Missbrauch	spiritual / religious abuse
Stalker / Stalking	stalker / stalking
Survivor / Überlebende(r)	survivor
toxische Beziehung	toxic relationship
traumatische Bindung	traumatic bond
Triangulation	triangulation
Trigger / Auslöser	trigger
unregelmäßige Verstärkung	intermittent reinforcement
Unterstützungssystem	support system
Untreue	infidelity / cheating
verbaler Missbrauch	verbal abuse
verdeckte(r) Narzisst(in)	covert narcissist
Verletzbarkeit / Verletzlichkeit	vulnerability
Verwicklung	enmeshment
(extreme) Wachsamkeit	hypervigilance
Wortsalat	word salad
Zufuhr	supply
Zwangskontrolle	coercive control

BIBLIOGAFIE

Dieses Buch basiert auf den Recherchen und persönlichen Erfahrungen der Autorin und den Mutigen, die ihre Geschichten online oder persönlich mit ihr geteilt haben. Einige Aussagen in diesem Buch dienen lediglich als Beispiele und treffen nicht unbedingt auf jeden zu. Die Autorin versucht, so gewissenhaft wie möglich mit den ihr verfügbaren und bereitgestellten Informationen umzugehen. Die Quellen direkter Referenzen zu Zitaten oder Recherche-Materialien sind in den Fußnoten auf den jeweiligen relevanten Seiten vermerkt.

American Psychiatric Association: *The Diagnostic and Statistical Manual of Mental Disorders, 5th Edition (American Psychiatric Association, 2013)*

Beverly Engel: *The Nice Girl Syndrome - Stop Being Manipulated and Abused and Start Standing Up for Yourself, 1st Edition* (Wiley, 2010)

Brené Brown Ph.D, L.M.S.W.: *The Gifts of Imperfection - Let Go of Who You Think You're Supposed to Be and Embrace Who You Are* (Hazelden Publishing, 2010)

Cathryn L. Taylor M.A., M.F.C.C.: *The Inner Child Workbook - What to do with your past when it just won't go away* (Tarcher/ Penguin, 1991)

Jackson MacKenzie: *Psychopath Free - Recovering from Emotionally Abusive Relationships With Narcissists, Sociopaths and Other Toxic People, Expanded Edition* (Berkley Books, 2015)

Lundy Bancroft: *Why Does He Do That? - Inside the Minds of Angry and Controlling Men, Trade Paperback Edition* (Berkley Books, 2003)

Margalis Fjelstad: *Stop Caretaking the Borderline or Narcissist - How to End the Drama and Get On With Life, 1st Paperback Edition* (Rowman & Littlefield Publishers, 2014)

Mary Romero: *A Comparison Between Strategies Used on Prisoners of War and Battered Wives; Sex Roles - A Journal of Research, Volume 13, Issue 9-10, pp. 537-547* (Plenum Publishing Corporation, November 1985)

Patricia Evans: *The Verbally Abusive Relationship - How to Recognize It and How to Respond, Expanded 3rd Edition* (Adams Media, 2010)

Robert D. Hare PhD.: *Without Conscience - The Disturbing World of the Psychopaths Among Us* (The Guilford Press, 1999)

Sam Vaknin: *Malignant Self-Love: Narcissism Revisited, Revised Edition* (Narcissus Publications, 2015)

Sandra L. Brown M.A.: *How to Spot a Dangerous Man Before You Get Involved, 1st Edition* (Hunter House Publishing, 2005)

Sandra L. Brown M.A.: *Women Who Love Psychopaths, 2nd Edition* (Mask Publishing, 2009)

Susan Forward PhD.: *Emotional Blackmail, 1st Edition* (HarperCollins Publishers, 1997)

INDEX

DIE AUTORIN

In Deutschland geboren und aufgewachsen, war Sarah Ziolkowski schon immer begeistert vom Schreiben, Recherchieren und Filmemachen. Nach ihrem Filmstudium zog sie nach Nordamerika, um sich in der Hollywood-Filmbranche zu etablieren.

Obwohl sie an unzähligen Filmen und Fernsehserien beteiligt war, hatte sie niemals erwartet, im wahren Leben selbst Teil eines Horrorfilms zu werden. Zum Glück fand sie das Drehbuch auf dem er basierte und begann daraufhin eine intensive Recherche in Sachen „narzisstischer Missbrauch" und relevanter „Persönlichkeitsstörungen."

Sarah begann das Schreiben von *Narcotic Love* zwei Monate nach ihrer Flucht aus einer toxischen Beziehung und sprach mit unzähligen Opfern und Survivors narzisstischen Missbrauchs, die mutig hervortraten und ihre Geschichte mit ihr teilten und verglichen, um diesem Buch beizutragen.

Heute lebt Sarah als Filmschaffende, Autorin & Schauspielerin in British Columbia, Kanada und unterstützt außerdem die *MeToo*-Bewegung in ihrer Branche, die Missbrauchsopfern ihre Stimme zurückgibt.

www.sarahziolkowski.ca

Printed in Poland
by Amazon Fulfillment
Poland Sp. z o.o., Wrocław

18010299R00139